ブックレット《アジアを学ぼう》43

韓国農楽と羅錦秋

女流名人の人生と近現代農楽史

神野知恵

風響社

図１　韓国の農楽の地域的分類と代表的な伝承地

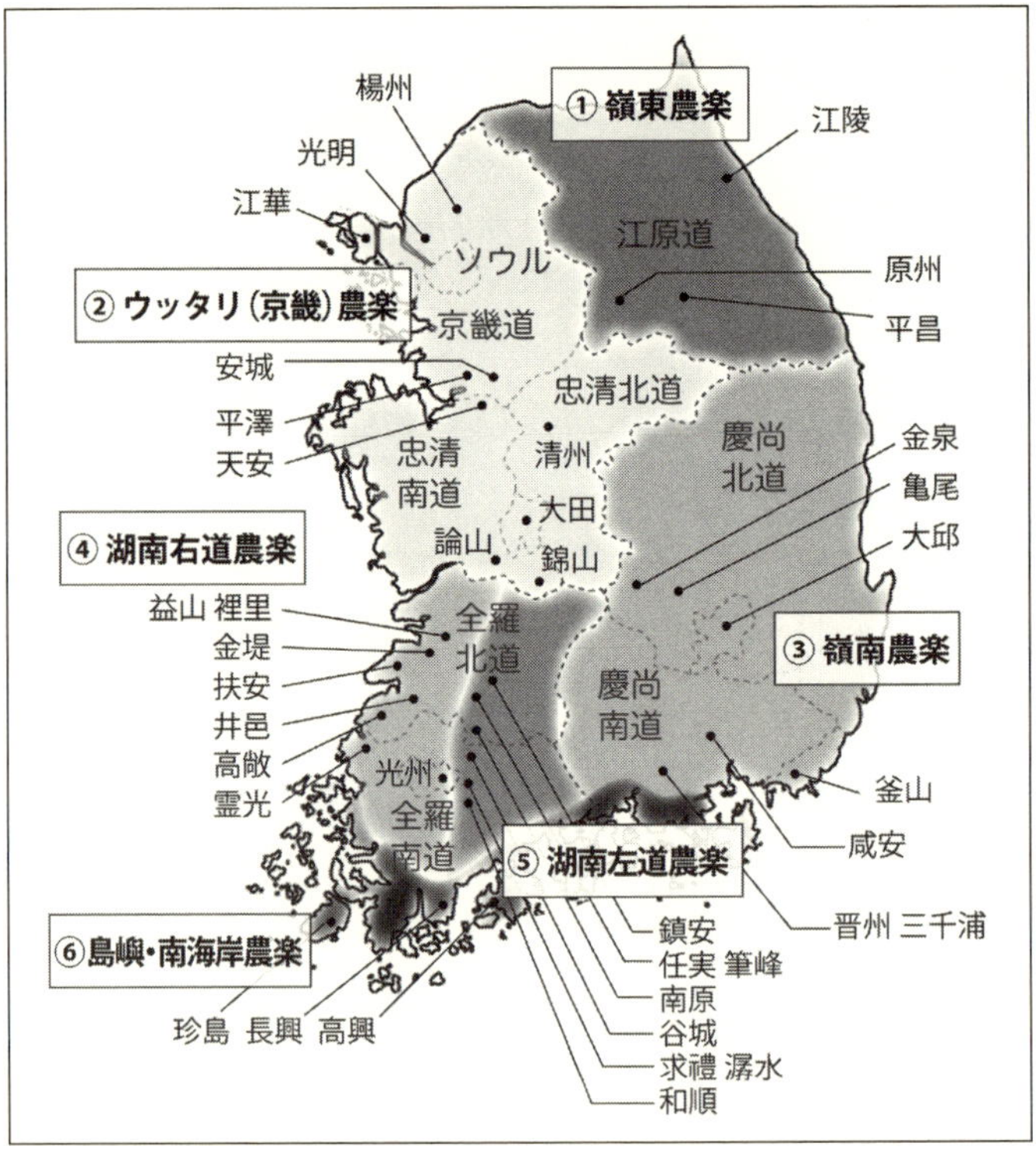

韓国農楽と羅錦秋──女流名人の人生と近現代農楽史

神野知恵

はじめに

原色の衣装に花笠をかぶった演奏者たちが、それぞれの手に持った鉦《かね》（ケンガリ）や銅鑼《どら》（チン）、体にくくりつけた両面太鼓（チャング）を打ち鳴らしながら颯爽と行進し、ダイナミックに飛び跳ね、回る。その打楽器のリズムは身体の芯まで響き、踊りは風を巻き起こし、見る者の心は高揚し揺さぶられ、自然に手を挙げて踊り出したい気持ちになる。それが韓国の民俗芸能、「農楽《ノンアク》」だ。農楽は二〇一四年にはユネスコの人類無形文化遺産代表リストにも記載され、ますます国を代表する芸能としての立ち位置を確立している。しかし、その多種多様な実態は韓国の人々にもあまり知られていない。本書では、筆者のフィールドワークの成果を通して農楽のいきいきとした姿や伝承の現状を描いていきたい。

ただ、この話を始める前に確認しておかなければならないのは、この芸能を何と呼ぶべきかという問題だ。実は「農楽」と言う名前は、日本統治時代の朝鮮において日本人の学者たちが、伝統打楽器を用いた祭りに対する総称として初めて用いた単語であり、それ以前は地域や状況ごとに異なる名称で呼ばれ、総称など必要なかった。日本人研究者たちによって定着した単語であるため、一九八〇年代頃から「農楽」という名称は避けるべきであるという見解が見られるようになり、その代わりに「プンムル」（漢字で「風物」と書き、元は農楽の楽器を指す言葉）または「プンムルクッ」（プンムルによる祭り、儀礼）という言葉がジャンル名として用いられるようになった。また、これが当時大学生たちによる民主化運動と結びつき、プンムル（＝農楽）こそ民衆の力を象徴する芸能であるとして、デモでは常に打楽器を鳴らす学生たちが先陣を切った。この「プンムルクッ運動」によって各大学のサークルが成長したため、現在でも学生によるサークルは「農楽《ノンアク》トンアリ（サークル）」ではなく「プンムル牌《ペ》」（牌は団体の意味）と呼ばれることが多い。しかし、無形文化財の名称や民俗学界などでは「農楽」という言葉がそのまま使われているのが現状である［金廷憲　二〇一四：四一］。

さらに、一般韓国人に対して伝統打楽器の話をすると、「ああ、サムルノリですよね」と言われることが多い。「サムルノリ」はもともと、一九七九年に現れた若い四人組の演奏グループの名前だった。若い演奏者らの発想によって各地に伝わる農楽のリズムを集積し、打楽器アンサンブルの楽曲として整え、ケンガリ、チン、チャング、プクの四つの打楽器の演奏者を一人ずつという最少人数に限って、舞台に座って演奏するという創作的な演奏スタイルであった。「サムルノリ」というチーム名は民俗学者の沈雨晟《シムウソン》がこの若い演奏者達に提案したもので、「サムル（四物）」は四つの楽器を指し、「ノリ」は「遊戯」「遊び」の意味である［金徳珠　二〇〇九：一八五］。幼い頃から豊富な舞台経験を積んできた気鋭の若手演奏者達がこのような斬新なスタイルを打ち出したことで爆発的な人気を誇り、韓国にとどまらず世界中にその名を知らしめた。座ってリズム演奏をするスタイルが継承された結果、チームの固有名称であった「サムルノリ」は後にジャンル名として定着した。現在では農楽を含む全ての伝統打楽器音楽をまとめて「サムルノリ」と呼んでしまう人が多い。それには、元祖「サムルノリ」チームの活動の絶大な影響があったことも確かであるが、先ほど述べたように、ケンガリやチャングを打つ芸能の総称として、「農楽」「プンムルクッ」

などの用語に歴史的・政治的な揺れがあったことも影響しているのではないかと筆者は考えている。

本書ではこうした様々な用語の混同を避けるためにジャンル名としては「農楽」で統一するが、それぞれの現場にそれぞれの呼び名があることを覚えておいて頂きたい。韓国の学界では、このジャンル名の選択についての議論を繰り返し行っているが、筆者はそれよりも、この芸能が持つ多様性を評価し育てていくことこそ必要であると考えている。本書ではまず、農楽の概要と様々な在り方を理解して頂くため、まずヨコ軸として農楽伝承の現場（学生サークル、地方の村祭りなど）を筆者が出会った順番に紹介し、次にタテ軸として一人の演奏者のライフヒストリーを通じた近現代農楽史の読み解きを試みることとしたい。

一　農楽との出会いとその多様な姿

1　大学農楽サークルの在り方

筆者が初めて農楽に出会ったのは、二〇〇六年に交換留学生として渡韓した時だった。韓国には民俗的な仮面劇や、伝統的な語り物のパンソリなどがあることは知っていたが、農楽については名前くらいしか知らず、実際には留学先の梨花女子大学でサークルに誘われたのが農楽との出会いであった。

前述のように韓国では、一九八〇年代に学生たちによる民主化運動のなかで「プンムルクッ」（農楽）のサークルが全国の大学に盛んに結成された。筆者が韓国に留学したのは学生運動がとうに下火になった二〇〇六年だったが、それでも梨花女子大学には学部ごとに七つの農楽サークルがあり、それぞれ一定数の部員たちが活動していた。都心の一流大学にそういったサークルがいくつもあることも、左派の学生運動と結びついてここまで成長したことも、日本の民俗芸能の状況に比べると、非常に意外なことであった。

写真１　梨花女子大学でのサークル発表会、2007年

夏冬問わず、薄暗くなるとキャンパスにどこからともなく太鼓を抱えた学生たちが集まって来て、汗だくになりながら太鼓を練習し、ひとしきり終わると地べたに座ってビールやマッコリ片手に盛り上がる。その様子はとても二〇〇〇年代のこととは思えず愉快だった。筆者はそこで「チャング」と呼ばれる砂時計型の鼓のような両面太鼓や、小型で非常に大きな音の出る鉦「ケンガリ」、長く遠く響く銅鑼「チン」、低音を打ち鳴らす太鼓「プク」、そしてひらひらと踊りながら叩く「ソゴ」といった打楽器の一つ一つを初めて手に取った。そして先輩たちから「サムチェ」「クッコリ」「フィモリ」と呼ばれる韓国独特のリズムパターンのバリエーションを習い、叩きながら踊ったり回ったり行進したりする演奏法を学んだ。リズム音痴に加え運動音痴の筆者にとっては容易ではなかったが、大勢で太鼓を打ち鳴らして走りながらひとつの渦を成していくときの高揚感は何物にも代えがたいものとなった。学生たちの若いエネルギーを爆発させるのに、これほど適した活動が他にあるだろうか、というくらいの熱気に溢れていた。農楽サークルでは上下関係や同期生同士の結束が非常に重視され、公演や大学祭に向けて、演奏を通していかにチームとしての一体感を出せるか、全てをかけて練習した。それは「演奏」というよりは、全員で共に駆け抜けるスポーツに近かったかもしれない。そうしたサークルでの初期体験が今の筆者の農楽研究のベースになっている。

２　農楽伝授館と地域の祭り

半年ほどサークル活動を続けるうちに、強化合宿に参加することになった。伝統音楽を楽しむ大学生が多数存在することだけでも素晴らしいが、加えて、たいていのサークルがそれぞれ特定地域の農楽を学んでおり、夏・冬休みの度にその地域に実技を習いにいく習慣があることも特筆に値するだろう。農楽は伝統的には済州島を除く韓国全土に伝わっており、地域によってリズムパターンや舞踊、隊列の組み方に特色がある。なかでも、南西部の全羅《チョルラ》道《ド》地域は現在に至るまで農楽が盛んであり、国家指定・地方指定無形文化財になっている農楽団体も全国で最も多い（扉の図1「韓国の農楽の地域的分類と代表的な伝承地」、巻末の付表「国家・地方無形文化財の指定を受けている農楽団体」参照）。

筆者がサークルの合宿で学んだのは、全羅北道《チョルラプッド》無形文化財七―六号に指定されている「高敞農楽《コチャンノンアク》」であった。高敞郡はソウルから高速バスで三時間半ほど南下したところにある。見渡す限りの田畑の真ん中に、廃校になった小学校の校舎を利用して作られた「高敞農楽伝授館」があった。社団法人「高敞農楽保存会」が運営するこの施設には、二〇〇六年当時、二〇代から四〇代の農楽奏者たちが八名ほど常勤しており、ソウルなどの都市から学びに来る大学生や、地元の小中高校生、大人の農楽団への教育活動、自主的な公演活動や地元フェスティバルへの出演などを生業としていた。彼らは年齢や性別にかかわらず「師父《サブ》」と呼ばれて学生たちから親しまれていた。伝授館に集まった学生たちは、この師父たちから実技を習い、一週間ひとところで寝食を共にし、人間関係の悩みや将来について語り合い、毎日のように朝まで飲み明かす。普段のサークル活動も十分楽しかったが、青春真っ只中の学生にとって、伝授館での生活は夢のような日々であった。

写真2　高敞農楽伝授館にて、チャングクラスの授業風景、2013年

実は、師父と呼ばれる若い教師たちも、もとはサークル活動で高敞地域を訪れ、そのまま高敞に居ついたのである。先述のように、一九八〇年代の「プ

写真3　ケンガリを叩く黄圭彦（前）と李明勲（後）、1999年、高敞農楽保存会提供

ンムルクッ運動」のなかで、大学生たちは各地を訪れて農楽を学んだ。現・高敞農楽保存会長の李明勲《イミョンフン》（一九六八年生まれ、高敞郡出身、女性）もそうした運動を熱心に行っていた学生の一人であった。一九九一年に、自分の故郷である高敞の農楽を知るために帰郷したのだが、そこで見たのは、それぞれの楽器や、役割ごとに責任を持って水準の高い技を伝えている古老たちの姿であった。「高敞こそ農楽の聖地だ、宝の山だ」と感じた李明勲は、当時高敞農楽のまとめ役だった黄圭彦《ファンギュオン》（一九二〇～二〇〇一、高敞郡出身、男性）のもとを訪ねて実技を学び始めた。その後、彼女はソウルの大学の仲間たちを高敞に呼び寄せ、お年寄りたちから農楽を学ぶ場を作っていった。地域のお年寄りたちと学生たちが協力し合って伝習活動を展開するうち、やがてそれが大きな力となって、一九九八年には高敞農楽保存会、二〇〇〇年には同伝授館が設立されるに至った。

　高敞という土地自体の魅力、地域に伝わる農楽の面白さ、そしてそこに集まる人々の熱い想いがさらに人を集め、今のような伝授館システムの根幹が出来上がったと言える。まぎれもなく筆者もその魅力の虜になった一人であり、交換留学を終えて帰国した後も通い続けているのだ。

　さて、高敞には現在でも祭りの習慣を脈々と守り続けている村がたくさんある。とくに旧正月の一日から、新年最初の満月が上る一五日「テボルム」の日の前後にかけては、あちこちの村で祭りが執り行われる。高敞を含む全羅道地域一帯では、これらの祭りは総じて「クッ」と呼ばれる。「クッ」という言葉は狭義では、巫覡（シャーマン）による儀礼のことを指すが、全羅道では広く村祭りや芸能全般のことも意味している。そのため地元のお年寄りたちは、「農楽を演奏する（ノンアグル　ヨンジュハダ）」とは言わずに「クッを打つ（クッ　チンダ）」と言う。これは元来、村祭りや農楽などの芸能が単なる娯楽ではなく、神と人とをつなぐ儀礼であり、そこに世襲の巫覡家系の「タンゴル」

たちが関わっていたということの証拠だとも言える［高敞農楽保存会　二〇〇九：一七］。

この辺りの村々では、神木や石碑を「堂山《ダンサン》」と呼び、村の守り神として祀っている。旧正月にはそれらの前で農楽を打ち鳴らし、村人総出で綱引きをしてその綱を堂山に巻きつける「堂山クッ」の行事が共通して見られる。また村人たち自身によって構成される農楽隊が村中の家を一軒ずつ巡って、家の神々に繁栄と家内安全を願って祝言をあげ、庭を踏み固める門付けの行事「メックッ」[1]も盛んである。これは他地域では一般的に「地神踏み（チシンパルギ）」「庭踏み（マダンパルビ）」等と呼ばれる。また高敞郡は半島の西海岸に面しているため、内陸の農村と沿岸の漁村の両方があり、海の神に感謝を捧げる漁村特有の祭りも見ることができる。「農楽」と言う言葉からは想像しにくいが、漁村の祭りでもケンガリやチャングなどの打楽器の演奏は欠かせないのである。

写真4　高敞郡海里面サンブ村の祭り、2013年

高敞農楽伝授館では旧正月の祭りのシーズンになると、学生たちの経験と村祭りの振興のため、こうした地元の村々の祭りに学生たちを連れて行き、村人たちと一緒に農楽を演奏させるようにしている。筆者がそうした村祭りで見たり、村のお年寄りたちと一緒に演奏した農楽は、サークルや伝授館で学んだものともまた大きく異なっていた。単純明快なリズムをひたすら反復すること、長時間にわたって野外で太鼓を打ち続けること、シンプルかつ力強い体の使い方を求められること、食べ物や酒を分かち合いながら演奏することなどによって、徐々にトランス状態とも言える境地にまでたどり着く面白さがある。さらに、村の人たちの豊かな暮らしを心から祈る気持ちを持って太鼓を演奏していると、単なる演奏を越えた、儀礼の芸能としての農楽を体感することができた。

筆者はこのようにして多様な高敞地域の農楽に出会うことができたが、全ての地域でこのように伝承がうまくいっているわけではない。高敞では村祭りが元来盛んな地域であり、全国から若者が集まって伝授館が作られ、そして今度は伝授館の求心力によって各村の村祭りが活性化されたのであり、そうした相互関係が見られる点で非常に稀有な成功例だと言えるだろう。

3　高敞農楽の若手奏者達と羅錦秋名人

その一方で、高敞農楽の場合、伝承を率いてきた黄圭彦たち古老と、その弟子である李明勲たち大学生サークル出身者たちの間で世代が大きく開いていたのが問題であった。黄圭彦たちが精力的に活動していたとは言え、二〇〇〇年代には既に李明勲を中心とする若手や大学生たちが伝承活動をリードしていかなければならない状況になっていた。実際、筆者が初めて高敞を訪れた二〇〇六年には、お年寄りが伝授館を訪れて学生たちに授業をする機会は無くなっていた。また、黄圭彦たち古老が伝える農楽は、あくまでも村祭りを基盤とした民俗的な芸能であった。近代化に伴って少しずつ消えて行ってしまう祭りや芸能を、地域を挙げて守っていくことは重要である。しかし、若手の奏者たちが現代社会で農楽を実践していくには、舞台芸術としての方向性も同時に探っていかなければならないという現実もあった。

そうしたなかで高敞の若手農楽奏者たちが新たに教えを受け始めたのが、羅錦秋《ナグムチュ》（一九三八年生まれ、全羅南道《チョルラナムド》康津《カンジン》郡出身、女性）であった。後述するが、羅錦秋は特定地域で農楽を受け継いだのではなく、一九五〇年代後半から一九七〇年代にかけて韓国で流行した「女性農楽団」と呼ばれる興行公演団体で活躍してきた人物である。女性農楽団は若い女性奏者を中心に構成された団体で、町から町へと渡り歩いて各地で農楽や歌、舞踊などの公演を見せた。

羅錦秋は高敞の出身でも在住でもないので、傍目に見ると高敞の若手奏者との関係は理解しにくいかもしれない。師事するに至った最大の理由は、羅錦秋が「プッポチュム」と呼ばれる舞踊の名人であり、並はずれたケンガリ（鉦）

の演奏技術を持っていたためである。プッポチュムとは、農楽の演奏においてリーダーの役割をするケンガリ奏者「サンスェ」が見せる舞踊であり、頭に「プッポ」と呼ばれる花のようなかたちの羽の飾りをつけ、これを前後左右に振ったり回したりしながら踊るものである。以前は高敞地域にもこの舞踊に長けた男性の名人たちがいたが、今や伝説の人物として語られるばかりでその技を受け継いでいる者はおらず、映像なども残っていない。高敞農楽を率いていく立場にあった若手の李明勲はこのプッポチュムを学びたいと考え、誰に学べば良いのかを黄圭彦たちに尋ねたところ、迷わず「羅錦秋に学べ」と進言されたそうである。これは単に羅錦秋の技術が高かったというだけにとどまらず、「芸のルーツ」のためでもある。羅錦秋の師匠である金在玉《キムジェオク》（一九一〇〜?、井邑出身）と、黄圭彦の師匠で高敞の伝説のサンスェである朴成根《パクソングン》（一九〇二〜一九六三、高敞出身）が共に活動していたことから、羅錦秋のケンガリ演奏の中には、師匠である金在玉の芸、そして彼と共に活動した高敞の朴成根の芸も染みこんでいると言える［リュジャンヨン　一九九四：七四］。そうした経緯から、高敞農楽の若手伝承者たちは羅錦秋に師事するようになり、二〇一六年現在でもその関係が続いている。

4　羅錦秋の人物像

筆者が羅錦秋に初めて会ったのは二〇〇八年だった。高敞農楽伝授館を訪れたある日、若手メンバーたちが高敞の隣の扶安郡《プアングン》にある師匠の家を訪問するというので、便乗することにしたのだ。その頃、筆者はまだ、彼らが羅錦秋から指導を受けているということを知らなかった。農楽の大御所だと言うので、どんな人物かイメージを膨らませたが、到着すると待っていたのはごく普通の田舎のおばあちゃんのような女性だった。もし市場ですれ違ったら、その人が百戦錬磨の芸能者であるとは誰も想像しないだろう。愛弟子たちを絶品の手料理でお腹いっぱいにし、一緒に行ったメンバーの子供たちを本当の孫のように可愛がった。そして食後に彼女が意気揚々と「そろそろ一発打

写真5　羅錦秋の演奏姿、江原道原州にて　2014年

とうか。（インジャ、ハンパン　チジャ！）」と言うので、この夜中に庭で演奏するのかと思ったら、羅錦秋は颯爽と緑色のマットを敷き、花札を「打ち」始めたのだった。すべてにおいて意表を突かれる出会いであった。

　その後、二〇一〇年二月に羅錦秋が東京で公演すると聞き、菓子折りを持って大田区のホールを訪ねたこともあった。それが羅錦秋の公演を見る初めての機会となった。ローカルな企画だったためか公演の進行はお世辞にも円滑とは言えず、音響や照明に不手際があったり、ちゃんとした伴奏者もいないような状況であった。しかし羅錦秋がケンガリを手に持って、頭にプッポをつけて現れると、観客たちがすっと引き込まれていくのが感じられた。私の後ろにいた韓国人のおばあさん達は「あの人は男かい、女かい？」と囁いていたが、確かに衣装とプッポを身につけてケンガリを叩きながら舞う姿からは、女性とは思えない並々ならぬ重厚感と迫力が感じられた。本来は大勢の伴奏のなかで行うはずの演技をたった一人でやり遂げ、舞台を颯爽と駆け巡る様子は印象的だった。学生サークルや村人たちによる農楽とはまた異なる、「プロによる芸能」としての農楽の姿を目の当たりにした瞬間であった。

　そうした出来事がきっかけとなり、筆者は羅錦秋個人を対象に研究をしていこうと決めた。それからは幾度となく演奏場面を間近で見てきたが、誰もが息をのむような技巧的で華麗なバチさばきや、旋律的にさえ聞こえるリズムの構成力、力強く骨太な芸風、そして何よりも他の演奏者たち全員を確実に率いて、演奏全体に緊張感や高揚感をもたらすカリスマ性があった。それでいて、母のような包容力で他の奏者たちを受け入れてくれるのである。そんな羅錦秋のもとに、全国から大勢の弟子たちや一般愛好家たちが集まる様子を見ていて、筆者は演奏家一人一人の個性が農楽伝承において担っている役割の大きさを感じた。また、羅錦秋には様々なエピソードをまるで昨日のことのようにリアルに話す「語り部」としての才能があった。歴史的事実としては検証する必要があるとはいえ、練習の合間にこのような話を夢中になって聞いたことで、個人を通して見た農楽の近現代史研究の可能性を考えさせられた。

彼女の芸能生活の出発点をたどると、そもそも男性による村祭りの芸能であった農楽をなぜ女性の集団が演奏することになったのだろうか、という疑問が生じてくる。次節ではまず、そうした文化的背景を紹介する。

二　女性農楽団の誕生とその背景

1　女性農楽団とは

農楽はそれまで民俗信仰的な理由から男性中心の芸能だったが、一九五〇年代末、全羅北道《チョルラプッド》の南原《ナムオン》地域に「南原《ナムオン》女性農楽団《ヨソンノンアクタン》」が登場した。この農楽団は仮設のテント小屋を建てて全国各地を巡業し、観客から入場料をとって、農楽や、民謡、舞踊、綱渡り、演劇などのレパートリーを見せる女性奏者を中心とした興行集団だった。日本による統治や朝鮮戦争などで疲弊した人々の心をつかんで大流行に至り、各地に相次いで類似の女性農楽団が作られた。したがって、「女性農楽団」というのは、ひとつの団体を指すのではなく、これらの複数の団体を総称する言葉である。羅錦秋は、一九五〇年代末から一九七〇年代にかけて、こうした女性農楽団で中心的な奏者として活躍した人物である。

今となっては女性の農楽奏者も多いが、当時は若い女性奏者たちが打楽器を担いで演奏しながら踊る姿は非常にセンセーショナルであっただろう。ただし「女性農楽団」と言っても、実際にその運営や金銭管理、メンバーの統制を行ったのは男性の団長や幹部たちであり、舞台設営スタッフも男性たちであった。女性奏者達には運営の権限が無く非常に束縛された存在であったのも事実である。また、少年奏者、師匠格の熟練男性奏者が共に巡業した団体も多々あった。それにしてもやはり、行く先々の町で老若男女の観客が楽しみに待っていたのは、その主人公である少女奏者たちだったことだろう。

一九七〇年代末にテレビやラジオなど他の娯楽に押されるかたちで、女性農楽団の経営は困難になりその活動は終わったが、かつて女性農楽団に所属していた演奏者たちは男女ともに、現在でも各地で伝統音楽の活動を展開している。農楽を離れて伝統声楽のパンソリや器楽の大家として活躍している人もいれば、大学などで専門教育を担う人もいる。そして地方指定無形文化財の農楽技能保有者として活動する人もいる。本書で紹介する羅錦秋はその代表的な一人である。

2　先行研究の不足と筆者の立場

女性農楽団に関する論述としては一九九四年に刊行された『韓国の農楽　湖南編』のなかに収められている、リュジャンヨンによる「湖南女性農楽」が最初であり、そこでは羅錦秋のインタビューとリズムパターンの記譜が紹介されている［リュジャンヨン　一九九四：六八］。それ以前には女性農楽団や出身奏者達は研究の対象にされてこなかった。一世を風靡したとされているにも関わらず、女性農楽団の活動に関する研究がこのように少ないのはなぜだろうか。韓国でも放浪芸能集団と言えば戦前まで存続していた「男寺堂《ナムサダン》」(2)がよく知られているが、解放後の韓国にも巡業形式で全国を廻る芸能者たちがいたことはほとんど知られていない。

女性農楽団の活動の末期にあたる一九六〇年代末～七〇年代には、こうした興行集団は研究の対象とされないばかりか、非常に否定的な視線で批判された。「頽廃的な演芸形態の農楽」や「着飾った少女たちによる農楽」が「照明の当たった舞台の上で」勝手な創作的演奏をすることによって「素朴な農楽」の姿が失われてしまうのは嘆かわしい、といったような意見が各所に残されている［洪顯植　一九六七：六］。それは当時の学者たちが、地域文化としての農楽が消えゆくなかで、それらを守らなければならないという焦りと同時に、大衆的で土着性の薄い女性農楽に対して危機感を覚えていたからだと言える。当時の研究者たちが、新興の芸能によって伝統が変化することに対して懐疑的、否定的な反応を示したのは十分に理解できるものである。

その後一九八〇年代に起きた「プンムルクッ運動」の中でも、やはり女性農楽団の芸能が発掘されることはなかった。この運動では、誰しもが参加でき、人と人の間に垣根を作らない、共に生きる民衆のための芸術といった「共同体性」に農楽の本質を求めたため、テクニックとエンターテイメント性を重視した女性農楽団のような専門的、興行的な集団には価値を見出せなかったのである。

こうした時代の状況に照らし合わせれば女性農楽団への否定的評価や無視は仕方のない事であったかもしれないが、ポップカルチャーも研究対象に成り得る現在、そうした先入観はもう克服されても良いはずである。しかし今でも農楽研究界は男性奏者の農楽が主体であり、「女性農楽団が流行したためにそれまで盛んに活動していた男性の専門農楽奏者たちの勢いが失われた」という論調が女性農楽団にかかる枕詞のように繰り返し用いられている状況である［林美善　二〇一四：一九四］。

一方、全羅道きってのチャングの名手であったとされる申基男《シンギナム》（一九一四〜一九八五年、井邑出身）のインタビュー記録には、女性農楽団についての肯定的な発言が見られる。羅錦秋と彼女が率いていた「アリラン女性農楽団」の技術について「アリラン農楽団は新式農楽の中では右に出る者がいない」「プッポは羅錦秋が最高に上手い、羅錦秋がプッポをしているところをまた見たいものだ」と非常に高く評価している［金明坤　一九八一：一三〇］。研究者たちとは違い、農楽の名人たちは公演者の性別や興行について一方的に批判するのではなく、その技術を高く評価し信頼していたということがわかる。羅錦秋をはじめとする女性農楽団の演奏技術と芸術性が、その時代の「頂点に上りつめた」という事実を、女性奏者であるということだけを理由に無視してはなるまい。

二〇〇四年には権恩瑛《クォンウニョン》が『女性農楽団研究』を刊行し、女性農楽団を主題とした研究がようやく始まった［権恩瑛　二〇〇四］。また、二〇一二年に李京燁《イギョンヨプ》、金恵庭《キムヘジョン》らによる共著で、湖南女性農楽団でリーダーとして活動した柳《ユ》順子《スンジャ》という演奏者に関する著書も出版されている［求禮郡　二〇〇四］。このように、女性農楽団とその出身奏者に関する研究は近年始まったばかりである。

3　女性農楽団誕生の背景

さて、女性農楽団はどのような文化的背景から誕生したのだろうか。それには諸説あるが、ここでは①劇場と公演文化の誕生、②女性芸能者の台頭、③全羅道の農楽の成長の三つの観点から見ていこう。

①　劇場と公演文化の誕生

女性農楽団の公演は、観客から入場料をとって芸を見せるという形態であった。村祭りの場を中心に演じられてきた農楽がなぜ、そしていつ頃からそのような興行公演に発展したのだろうか。これには「劇場」の登場の歴史が大きな鍵となる。

朝鮮に西洋式の劇場が誕生したのは日韓併合前の一九〇二年にさかのぼる。高宗《コジョン》（李氏朝鮮第二六代国王、在位一八六三～九七年）の即位四〇年を記念して、朝鮮で初の西洋式劇場として作られたのが「協律社《ヒョンニュルサ》」(3)という官立劇場であったと言われている。記念式典を行うにあたり、有力な芸能者たちが勅令を受けて集結し、芸妓らを教育して公演の準備を行った。［白賢美　一九九七：二九］。

それまでの朝鮮には、王のための宴で宮廷音楽や舞踊が演じられたり、貴族たちが風流房と呼ばれるサロンで芸能を享受したり、民間にも多くの祭り文化や芸能があったが、西洋の劇場のような室内の上演空間で芸能を鑑賞する文化は存在しなかった。西洋や日本で学んだ知識人が紹介したことをきっかけに、近代化の象徴として官立劇場が作られ、その後次々に民間立の劇場が生まれていったのである。

統治期になると、そうした劇場において日本の歌舞伎、文楽、舞踊や西洋音楽、少女歌劇や奇術ショーに至るまで、多様なジャンルの芸能が上演されるようになった。これらの公演は現地に住む日本人を慰問する目的が強かったため、朝鮮の文化人がどれほど接していたのか詳細にはわからないが、こうした文化が流入して朝鮮独自の芸能と結びついたことで新しい公演様式が生まれたのは間違いないだろう。まさにその象徴といえるのが、伝統的な声楽の「パンソリ」から発展した「唱劇《チャングク》」である。

パンソリはもともと、一人の歌い手（ソリクン）が、一人の太鼓奏者（鼓手《コス》）の伴奏で長大なストーリーを語り、歌い上げていく芸能である。様々な登場人物や物語の進行を歌い手が一人で演じ分ける。このパンソリの歌唱法とストーリーの内容をベースにして、複数の俳優に配役を分け、舞台衣装、美術などもつけて写実的に演じるのが「唱劇」というジャンルである。二〇世紀初頭に現れた初期の劇場で演じられたのは唱劇の形式のものが多かったと言われている［白賢美　一九九七：二一九］。

近代的な劇場の登場と、それに伴う公演様式の変化は新たな観覧文化を生んだ。その最大の変化は、観客と演者のはっきりとした区別が設けられた点である。それまでは見る人々と演じる人々が入り混じっていた芸能ジャンルも、劇場で演じられることによって演者と観衆にはっきりとした境界線が生じた。また壁に囲まれた室内空間で上演されることによって、入場料を払った者だけが見られるようになった。つまり、「観客」の資格を得るためにその代価を支払うというシステムが導入されたのである。これは、金が無ければ見られないということでもあったが、逆に金さえ払えば見られるということでもある。芸能者たちによる高度なパンソリや歌舞などは、それまで貴族層が享有してきた芸能であったが、劇場とそれに伴う公演文化の登場によって、庶民が楽しめる娯楽になっていったのである。

また村落の祭りのなかで演じられてきた農楽や仮面劇も、舞台上で観客に「見せる」公演の演目として組み込まれていくことによって大きく変化していった。それまでの朝鮮は圧倒的に村落社会であり、村々にはトゥレ（農作業を共に行う労働組合）があり、その共同体によって農楽が守られてきた。しかし都市中心社会に変化していくにしたがって、専門芸能者たちによって興行公演化された農楽が盛んに演奏されるようになっていった。

特に、日本からもたらされた移動式仮設劇場の設営技術とそれに伴う「芝居小屋文化」は、大きな影響を与えた。こうした設営技術[4]については、林史樹の韓国サーカスに関する著書に詳細な報告がある［林史樹　二〇〇七］。もともと朝鮮には専門集団による放浪芸能があったが、この新しい技術と結びつくことによって、一部の大都市の固定劇場だけでなく、地方の町においても興行を打つことが可能になっていったのである。

現在は、農楽や仮面劇のような民俗芸能ジャンルにおいても、演者が舞台上から観客に向かって演技し、これに照明を当て、マイクなどの音響技術によって公演内容を補佐することは当たり前のようになっている。何百年も前からの「伝統性」を謳っている芸能も、この時代に舞台芸能として再構築された部分が大きいということを改めて認識しなければならないだろう。女性農楽団の公演もこのような文脈において「見せる芸能」として発展したものの代表例であるといいえる。

②　女性芸能者の台頭

女性農楽団の最大の特徴は、やはり公演の主人公が女性奏者たちだったという点である。なぜ男性の芸能であった農楽を女性たちが演奏することになったのか。その謎に迫るには、農楽より先に女性芸能者が生まれ、活躍していたパンソリの歴史を探る必要がある。

今では女性の歌い手が圧倒的に多いが、パンソリももとは女性が踏み入ることのできない世界であった。女流の名人が初めて登場したのは一九世紀半ばである。全羅北道高敞で巫女の娘として生まれた陳彩仙《チンチェソン》（一八四七～？）が、パンソリのレパートリーを文字化し集大成した申在孝《シンジェヒョ》（一八一二～一八八四）に教えを受け、後にその名が知れ渡り一八六七年に慶福宮で公演を行ったことが記録に残っている。その後、女流のパンソリ唱者たちや妓生（芸妓）たちの地位が上昇し、記録に名を残す者が増え始めた。とくに新しいジャンルである「唱劇」の展開によって女性のパンソリ唱者にはより注目が集まった。一九三〇年代頃までは男女混合の唱劇団が一般的であり、既に大衆の人気を獲得していたが、解放後の一九四八年に、女性パンソリ唱者たちが「女性国楽同好会」を結成し、女性だけで唱劇を演じてそのブームの火付け役となった。これが「女性国劇《ヨソンクックク》」の始まりである。一九五〇年代には女性国劇団が多数現れて爆発的な人気を集め、ソウルだけでなく全国各地で公演が行われるようになった。この大波に乗って、一九五〇年代末に登場したのが「女性農楽団」だったのである［権度希 二〇〇二：一五八］。

写真6　京郷新聞 1957 年 5 月 27 日
林春鶯国劇団の公演広告

女性農楽団が生まれた一九五〇年代～六〇年代には、伝統音楽以外に、西洋音楽や、新劇、歌劇、流行歌謡、そしてそれらと伝統音楽との境界線にあるジャンルにおいても女性芸能者が活躍した。当時の新聞に掲載された公演広告を見ていると、当時のエンターテイメントは今のように「伝統モノ」と「西洋モノ」で二分することができないと気づかされる。なぜなら新劇であっても内容が時代劇で

写真7　東亜日報1940年4月16日　宝塚歌劇団の公演広告。古典歌劇「春香伝」が上演されたことがわかる。

あったり、西洋の楽器や楽曲をベースにした歌劇団の公演であっても民謡（新民謡）などが取り込まれていることが多々あるからである。女性の活躍という点では、特に一九五〇年代に少女歌劇団、少女楽団の創設公演の広告が目立ち、そのオーディションや経営について大々的に紹介されている。やはりこの流行には、統治期に日本から度々朝鮮の地に公演に行っていた「宝塚歌劇団」をはじめとする日本の少女歌劇団の影響が少なからず感じられる。宝塚は新聞記事で確認されるだけでも、一九四〇年に数回の公演を行っており、その内容にもパンソリの代表的な演目である「春香伝《チュニャンジョン》」を取り入れていたことがわかっている。筆者はこれが後に少女たちによる伝統演劇の初期イメージの形成に大きな影響を与えていたのではないかと推測している。

また、一九五九年に「初のコリアンガールズグループ」としてアメリカに渡り大人気を得た「キム・シスターズ」の活躍も見逃せない。歌謡界の重鎮であった李蘭影《イナニョン》と作曲家の金海松《キムヘソン》夫妻の二人の娘と姪によるこのグループは、楽器演奏、ダンス、歌謡とマルチにこなしてアメリカで人気を得た。ジャズやアメリカの歌謡のスタンダード曲の他に、韓国民謡を斬新にアレンジして歌い、一種の「エスニック」なアイドルとしての魅力を発揮していたようである。一九六〇年代の新聞を見ると、韓国での凱旋公演も盛んに行われており、彼女らは当時の「新女性」の最先端を走っていたと言えよう。

女性農楽団の人気は、このような同世代の女性芸能者たちの活躍の機運のなかにあったことは確かである。

③　全羅道の農楽の成長

最後に、女性農楽団がなぜ全羅道地方で生まれたのかという点について考えてみたい。一般に、全羅道にはパンソリや民謡、舞踊など豊かな芸能文化があることで知られている。これらのほとんどは、世襲の巫覡「タンゴル」たちによって発展を遂げてきた。彼らはあらゆる冠婚葬祭の場に呼ばれて、儀礼や芸能によって人々の心を慰め、励まし、祖先や死者と語り合う宗教者であったのと同時に、先祖代々芸能を受け継いできた芸能者でもあった。儀礼の場を離れ舞台芸能者や妓生（芸妓）として生きる人々も、そのほとんどが「タンゴル」家系出身であり、幼い頃から歌舞音曲を学んだためその芸能の水準は非常に高かった。中には農楽の演奏に長けた者も多く、富裕な村では彼らを村祭りや宴席に呼び、報酬を払って農楽を演じてもらうことも多々あったという。また、正月などの祭りが盛んな時期には、こうした芸能者たちが「コルグンペ」と呼ばれるチームを組んで広範囲の地域を廻り、門付けをして稼ぐ場合も多く見られたという。全羅道の民俗芸能が豊かなのは、高い技術を持った巫覡家系出身の芸能者と、それに影響を受けた庶民たちの厚い層があったからである［高敞農楽保存会　二〇〇九：一六］。

日本による植民地支配下での民俗行事の弾圧、度重なる戦争、そして戦後の経済成長に向けた、国家的な巫俗信仰の撲滅運動のなかで、巫覡たちは激しい差別の対象となり、豊かな儀礼文化は一挙に衰退への道を歩んだ。その一方で全羅道の芸能は、儀礼・信仰とは切り離されるかたちで国を代表する「民俗芸術」として注目され、舞台に上がるようになっていった。それに伴って、巫覡家系出身の芸能者たちは近代的な公演文化のなかに活路を見出し、特に全国を廻る興行的な農楽団や唱劇団の中心人物となっていったのである。

なかでも、全羅道の農楽奏者達が頭角を現すきっかけになったのは、「農楽競演大会」であった。各地の農楽チームがひとところに集まってその技術や特色によって順位を競う競演大会は日本統治下に始まり、解放後も盛んに行われた。特に李承晩政権下の一九五〇年代には頻繁に全国大会が行われ、全羅道の農楽の精鋭メンバーたちがソウルの競演大会で賞を得て、その水準の高さを全国に知らしめた。こうした大会で優勝した全羅道の農楽奏者たちが各都市で凱旋公演をして廻ったり、または既に活動している唱劇団などの巡業芸能集団に合流して活動したのである。農楽チームだけで独自に団体を作って移動式劇場を設営しながら巡業する場合もあり、こうした新しい農楽の公演形態は「ポジャンコルリプ」（布張《ポジャン》はテント劇場のこと、乞粒《コルリプ》は家々を巡り芸を見せて稼ぐ門付けのこと）、または「入《イプ》場料《チャンリョー》クッ」（入場料をとって見せる祭り）などとも呼ばれた［宋奇泰　二〇〇七：四九］。

こうした全羅道の男性奏者たちの活躍をベースに、女性農楽団が出現したのだが、その誕生の背景には、先に述べた①や②のような変化もあったことは確認しておく必要がある。

次節からはいよいよ羅錦秋の半生をたどりながら、女性農楽団の活動の展開を見ていこう。

三　羅錦秋のライフヒストリーと近現代農楽史

1　幼少期〜国劇団との出会い（一九三八〜一九五六年頃）

羅錦秋は一九三八年二月二日（旧暦一月一六日）、全羅南道《チョルラナムド》康津郡《カンジングン》康津邑《カンジンウプ》東城里《トンソンリ》に生まれた。康津は現在でも田舎ではあるが、当時は今と比べものにならないほど辺鄙であったという。羅《ラ》ボムヒ（父）と咸《ハム》ブヨン（母）の間の四男四女の末娘に生まれたが、その誕生を見ずに父親が他界し、女子だからと戸籍にも入れず三年遅れで一九四一年にやっと届けを出した。そのため、戸籍の年齢と実年齢には約三年のずれがある。叔父が戸籍登録の際に名前を「マンネ」（末っ子という意味）と記載したのが誤登録され「モニョ」（漢字表記では「模女」）となった。戸籍名はこの「羅模女《ラモニョ》」であり、「錦秋《クムチュ》」は後につけられた芸名である。

母が女手ひとつで四男四女を育てていたが、立て続けに四人の男子が事故・病気で亡くなり、母と四人の娘とで貧しい田舎暮らしをした。羅錦秋が国民学校に入学するとすぐに朝鮮戦争が勃発（一九五〇年六月二五日）し、授業はおろか戦火を逃げ惑う生活が数年続いた。さらに追いうちをかけるように、戦争が終わった後すぐに母親が交通事

図2　光州南区、社稷公園周辺の地図（筆者作図）

故に遭って亡くなってしまった。そのため、全羅南道光州《クァンジュ》市で結婚生活を送っていた二番目の姉にひきとられた。前後関係からすると一九五二年頃、羅錦秋が実年齢で一五歳の頃だったと推測される。

康津の生家については詳らかではないが、羅錦秋は姉に引き取られて移り住んだ光州の様子についてはよく記憶しており、筆者はそれを頼りに光州を歩いて位置関係の確認を試みた（図2参照）。光州の家は現在の光州広域市南区、「社稷公園」のすぐ脇にあったという。電気会社を営み、比較的経済的余裕があった姉夫婦の配慮もあり、羅錦秋は大成国民学校（現・大成初等学校）に再入学し、その後スピア女子中学校に進学する。姉の子供たちの世話や家事を手伝う生活であったという。

こうした少女時代、家から少し下った光州川の向い側にある太平劇場や光州劇場に、当時大流行していた女性国劇団の「林春鶯国劇団《イムチュンネンククッタン》」などが巡回公演に来たという。光州劇場は二〇一五年現在も映画館として存続されており、劇場の壁には一九五〇年代の写真がいくつか展示されていた。その中には、国劇団の手描きポスターが掲げられた正面玄関の様子も見られた（写真8参照）。

羅錦秋は女性国劇を見て以来すっかりこれに魅せられ、女学校に行かずに内緒で劇場に通うようになる。このことについて、「開場前に劇場の外で響くチャング、ケンガリ、チンを叩く音がとにかく良かった。音に惹かれて行ってみたら、女優達が王様やお姫様の衣装を着て舞台で演じていて、ため息が出た。何でもいいから、あそこに入って一緒

写真8　1950年代の光州劇場（光州劇場展示より）

にやりたいと思った」と語っている。

朝鮮戦争直後の一九五〇年代半ばから後半にかけての地方都市では、まだラジオやテレビが普及しておらず、庶民の娯楽としてはハリウッド映画やごく少ない国産映画、そして大衆演劇がメインであったが、なかでもうら若き女優たちによって、伝統的なパンソリをベースに演じられる女性国劇は大変な人気を誇っていた。豪華な衣装や舞台美術、男装の麗人と娘役の美しい女優達が繰り広げるロマンスの世界。貧しい家庭で育ち、都会に住む姉に引き取られて暮らしていた羅錦秋にとって、こうした華麗な演劇の世界と、女優達の舞台裏の生活が夢のように輝かしく見えたことであろう。

当時こういった興行の前には、劇団員たちが農楽を打ち鳴らしながら周辺の街頭を行進する「マチマリ」（日本語の「町廻り」から来る用語）や、劇場の目の前で宣伝する「イルクミ」（「入れ込み」）と呼ばれる宣伝活動があった。羅錦秋が農楽に初めて接したのはこの「イルクミ」を見たときということになる。また、光州で活動した多くの芸能者たちの証言から、羅錦秋の家の近くにあった「社稷公園」は、地域一帯の憩いの場であると同時に、伝統音楽の訓練の場として活用されていたということがわかってきた。パンソリの歌い手たちには山や滝など自然の中で発声練習をして声質を作る「得音《トゥグム》」と呼ばれる習慣があり、この得音のために公園の丘を登って行く三つ編みの少女たちを羅錦秋はたびたび見かけて、心底羨ましく思っていたのである。

「女性国劇」と同時期に、「ヤクジャンシ」（薬売り）の劇団も光州市内で頻繁に活動していた。彼らは光州川の河原に簡易の舞台を建てて、パンソリや短い演劇、綱渡りなどの芸を見せ、薬や日用品を売りさばいた。こちらは劇場で行われる国劇団の公演とは違って、無料で観客を呼び込み、短時間構成の演劇を見せ、幕間ごとに胃腸薬や鎮痛薬などの怪しげな薬を売ったという。貧しい庶民たちにはこれが大人気で、羅錦秋も「でたらめの薬だとわかっていても芝居見たさに皆買ったものだった」と話している。興行師や芸能者にとっては劇場公演よりも目先の利益を得やすい公演形態だったといえよう。今日、文化財保有者になっているパンソリの名人たちの中にも当時はこうした劇団に参加していたという者が多い。そのときのことを恥じ、語りたがらない芸能者たちがほとんどであるが、パンソリや綱渡りが市場や河原で演じられる大衆芸能として生きていた証拠でもあるので、研究対象としては非常に重要である。

羅錦秋は子守りや家事のかたわら、薬売りや国劇団の公演を遠巻きに眺め、なんとかしてこうした劇団に入りたいと考えて入団の方法を尋ねた。すると「まずは両親の同意を得ること。それから、国楽（韓国伝統音楽）の経験があること。そうでなければ舞台に立てず、一生世話係で終わってしまうよ」と言われた。そこで、当時パンソリやカヤグム（十二絃の箏）などの芸事を教えていた「国楽院」(5)への入学を決心した。しかし、姉夫婦からの同意は得られなかった。その頃は、芸事を学ぶ女子はすなわち「妓生《キセン》」（芸妓）であるということを意味し、それは賤しいことであって、そういった家系でもないのに自ら進んで妓生になるようなことがあってはならないという観念が一般的だったからである。

写真 9　現在の光州郷校、2015 年

しかし諦められなかった羅錦秋は洋裁学校に通うためにもらった学費を握って「光州国楽院」に向かい、内緒で入門して三か月間ほど通い、他の少女たちと共にパンソリの一部や舞踊などを学んだ。しかし、家族の反対を受けながら秘密で通っていたため集中した学習は叶わなかった。

そしてこの頃、国楽院のすぐ脇にあった光州郷校《クァンジュヒャンギョ》(6)の知識人に、「芸事をやる

図3　羅錦秋の主な活動拠点の地図と年代（筆者作図）

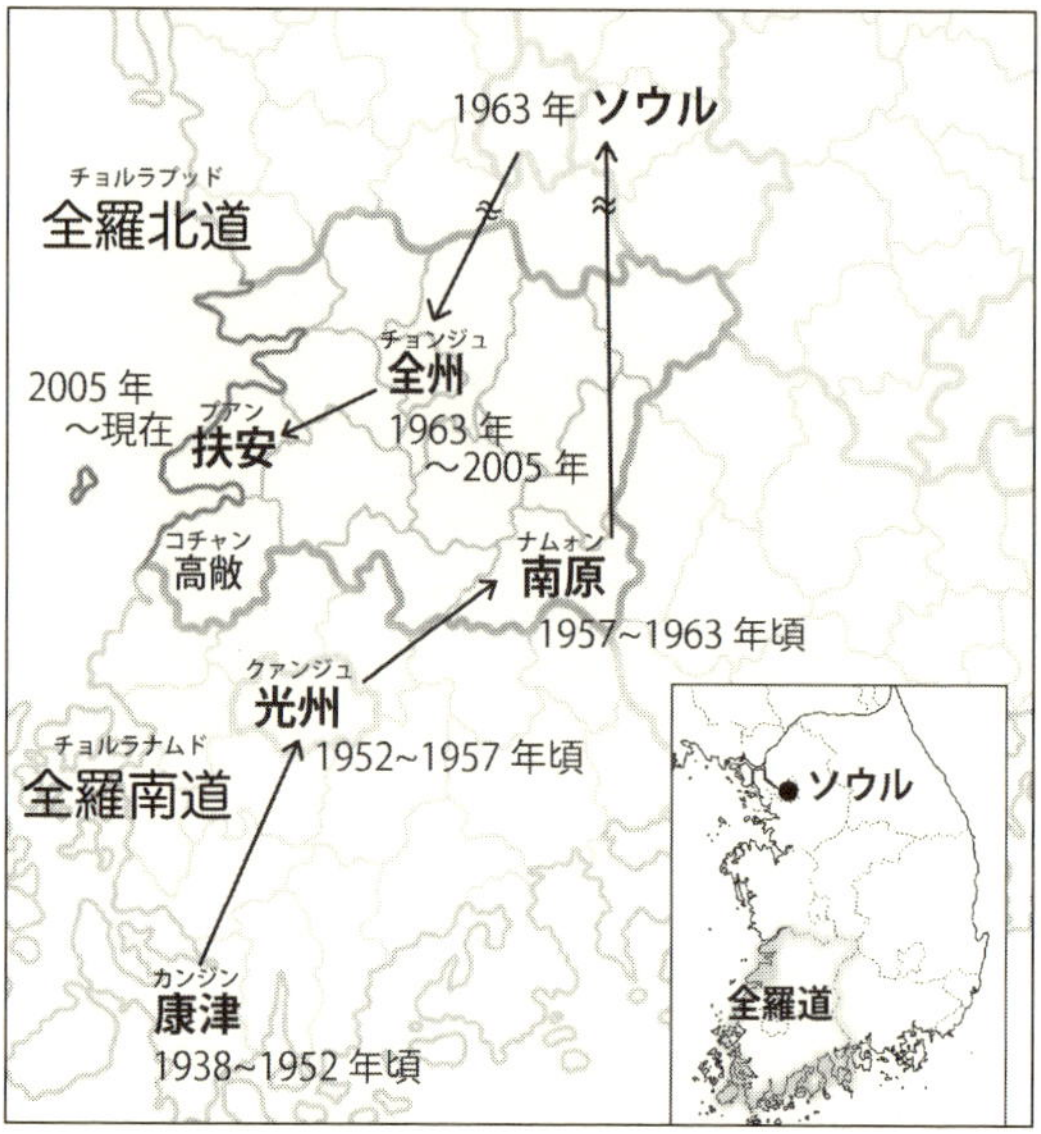

つもりなら、名前が『マンネ』（末っ子）では格好良くないから『クムチュ』（錦秋）に変えなさい」と、芸名であり現在の通名である「錦秋」の名を与えられた。もちろん、このことも家族には秘密であった。

しかし国楽院に通っていることがとうとう姉夫婦に知れ、さんざん体罰を受けた上、もう行かないと約束させられた。その涙もまだ乾かぬ初秋のある日、再び光州を訪れていた薬売りの劇団と話をつけ、密かに家出を決意する。家に帰り現金百万ウォンを盗んで胸に隠し、普段着ていた服の内にもう一枚重ね着し、河原で薬売りの劇団とおちあって出発した。家族を捨て、国楽への道を選んだ「羅錦秋」の芸能者としての人生がここから始まったのである。

2　南原国楽院時代、パンソリと農楽の学習（一九五七年～一九五九年頃）

羅錦秋が夢中になって見た「林春鶯国劇団」が光州劇場で頻繁に公演を行っていたのが一九五七年の夏であることを考慮すると［魏敬蕙　二〇〇五：一三〇］、羅錦秋が薬売りの劇団に連れられて光州を飛び出したのは、同年秋、実年齢で二〇歳のときであると推測される。向かった先は、伝統音楽が非常に盛んなことで有名な町、全羅北道南《ナム》原《オン》であった。身寄りの無い羅錦秋は南原についてすぐに、南原文化の象徴とも言える廣寒楼《クァンハンル》の脇にあった「南原国楽院」を目指した。南原国楽院の前身は「南原券番」と呼ばれ、やはり若い女性らにパンソリ・舞踊・器楽などを教え、妓生を養成し、管理していた。一九五〇年には「南原国楽院」と名前を変えたが、内容はそのまま継承されていた。当時、南原にはパンソリや器楽の大家たちが複数おり、羅錦秋はその中でも、国楽院でパンソリを指導していた金ヨンウンの家に内弟子として入った。掃除洗濯に炊事といった家政婦の役割をしながら「春香歌」などパンソリの演目を学んだという。光州では全く身に入らなかった声楽の学習を、このとき本格的に始めたのである。

それから一年もたたない冬場に、南原国楽院で農楽の練習が始まった。当時は李承晩《イスンマン》政権（一九四八～六〇）が終わりに近づく頃であり、毎年三月には李承晩の誕生日記念、八月には光復（終戦）記念の農楽大会やパレードが盛んに行われていた。歴史的に見れば、長期にわたる独裁政権の末期に、農楽などの伝統文化が政治的に利用されていたともとらえられるのであるが、結果的にはこれらが各地の農楽の伝承を促進させていたのも事実である。

写真 10　南原時代の羅錦秋

写真 11　1980 年 6 月 21 日全北日報、金堤地域の農楽奏者白南允のインタビューより、1958 年の南原女性農楽団

そうした状況から、南原の芸能者たちは女性農楽チームを作って農楽競演大会に出場すれば大賞を狙えるのではないか、また当時財政難にあった南原国楽院の運営資金にその賞金を充てることができるのではないか、と期待したのだろう［権恩瑛　二〇〇四：二七］。南原の伝統音楽界を率いていた姜氏一族（姜《カン》

道根《ドグン》、姜白天《カンベクチョン》、姜《カン》チョウン等）や羅錦秋の師匠である金ヨンウンなど熟練の芸能者たちが中心となり、南原および周辺地域からパンソリなどを学ぶ若い女性たちを集め、農楽の稽古をつけ始めた。羅錦秋はこの時、農楽の経験が全く無かったため、最も基本的な拍を叩くチン（銅鑼）を担当した。そしてこのチームでソウルに行き、見事全国大会で優勝したという。これが「韓国初の女性農楽団」とされている「南原女性農楽団」である。

出場した大会が何であったかは不明だが、大会が春に行われ、「李承晩大統領政権の末期」であったという羅錦秋の証言から、一九五八年三月の李承晩大統領生誕記念で行われた農楽大会であった可能性が考えられる。

コラム①「女性農楽は一九四〇年代にも既にあった？」

これまでの研究では一九五〇年代末の「南原女性農楽団」が韓国で最初の女性農楽団であるとされてきたが、筆者は新聞を調査するなかで一九四〇年代末にも「娘子農楽」なるものを演目とした公演があったことを発見した。

解放直後の一九四七、四八年の二回にわたって「特別救済会」という団体と京郷新聞の共同主催によって「全国民俗芸術農楽大会」が開かれ、「農楽部娘子チーム」「娘子農楽隊」「女子農楽軍」や「女性二名による綱渡りの演技」が登場し、大衆の注目を浴びたことが報道されている。出演した団体の名前は「女性農楽団」でこそないが、女性だけで構成されたチームであり、主演目が「農楽」だという点において、一九五〇年代末からのいわゆる「女性農楽団」が打ち出したコンセプトと同じであると言ってよいだろう。これは女性農楽の根源を探る研究にとって非常に貴重な史料である。

東亜日報、京郷新聞に掲載された一連の記事[7]によれば、一回目の大会は一九四七年三月二九日から四月一日の四日間にわたり開催された。この大会は、審査によって順位を競ういわゆる競演大会ではなく、興行的な公演だったようである。戦争で疲弊した市民を慰労するための公演であり、入場料の一部は戦災孤児へ寄付されることが記されている。

興味深いのは「農楽大会」と銘打っているわりに、出演者はパンソリや唱劇で活躍する著名な男女の奏者が中心になっている点である。記事からは、この大会の一番最後の目玉として「娘子チーム」と「国劇社チーム」による農楽が登場したことがわかる。「娘子チーム」については「朝鮮初有の純娘子数十名で編成された女子農楽軍」という説明文がついており、そのメンバーとして当時の唱劇界で人気を博していた女性演者たち二六名の名前が掲載されている。続いて「国劇社チーム」による「田植えの場面」が演じられたとあるので、ここから田植え農楽のシーンを舞踊的に演じながら民謡の「農夫歌」を歌ったのではないかと推測される。ちなみに、この「農夫歌」は現在でも羅錦秋および女性農楽団出身奏者たちのメインのレパートリーになっている。

二年目の一九四八年もやはり「戦災民救済」を目的とした興行公演として行われ、著名な伝統芸能者たちを総出演させて市民に楽しんでもらおうという企画だったようである。二年目で着目すべきは、一年目に人気を得た娘子農楽チームが再び登場している点に加え、「綱渡り」の演目にも女性演者が登場した点である。いささか興奮気味な記事の書きぶりからは、それまで男性の専門芸能者のみによって演じられてきた綱渡りを若い女性が演じることが、当時かなり斬新なことであったというニュアンスを読み取ることができる。綱渡りもやはり一九五〇年代からの女性農楽団の重要な演目であった。結局、一九四〇年代末のこの娘子農楽の動きは「女性国劇」の爆発的な人気のなかで影をひそめることになるが、この時点で既に女性農楽のレパートリーやイメージの原型がかなり出来上がっていたということは意味深い。

3　春香女性農楽団での活動（一九五九年頃〜一九六三年）

先述の通り、「南原女性農楽団」はソウルの競演大会で見事優勝して南原に帰郷したが、メンバーには既婚女性や妓生としての仕事を持つ者が多かったため、その後の活動は困難となった。そこで南原で料亭を営みながら少女たちにカヤグムなどを教えていた姜錦順《カングムスン》が、自身の養女である呉甲順《オガプスン》（一九四四年生まれ）を主人公に据え、新しい女性農楽団を作ることを発案した。これが「春香《チュニャン》 女性農楽団《ヨソンノンアクタン》」である。

この新しいチームには、先のソウルの大会に出場した南原女性農楽団のメンバーも多く含まれていたが、新たに加わった幼いメンバーたちもいたと言う。南原の伝統音楽界の重鎮であった姜道根、姜白天らが引き続き指導に当

写真12　安淑善（中央）、玉善（右）姉妹と羅錦秋（後）1950年代

たり、少女たちとともに団体生活をしながらパンソリや農楽、綱渡りなどを教えた。結成して一年ほどはパンソリや農楽の特訓を行い、その後に本格的な全国巡回公演が始まったという。羅錦秋は後にこの春香女性農楽団のリーダー奏者である「サンスェ」に抜擢されたのである。

ここで重要なのは、最初の女性農楽団と言われる「南原女性農楽団」からその後継団体である「春香女性農楽団」の初期までの時期に、運営や指導にあたった幹部たちは専門的な農楽奏者ではなかったという点である。姜道根、姜白天、姜錦順らはパンソリやカヤグム、テグムなどの器楽の名人で大変優れた芸能者であったが、農楽の専門家ではなかった。そして彼らに学んでいた若い女性芸能者たちも皆パンソリや舞踊だけを学んできたので、農楽演奏は初めてであった。初期の春香女性農楽団のメンバーで、今では国民的なパンソリ唱者となっている安淑善《アンスクソン》（一九四九年生まれ、南原郡出身）や、羅錦秋らの証言から、その頃に演奏していた農楽は、シンプルなリズム形式をもとに舞踊を見せる内容が主であり、特定の地域性を持たない農楽であったということがわかってきた。現在、羅錦秋やその他の女性農楽出身者が演じている農楽は、全羅北道の北部地方（井《チョン》邑《ウプ》、金提《キムジェ》付近）に伝わる湖南右道《ホナムウド》農楽の確固たる特徴を持っているのだが、いつ頃、そして何故そのような方向にシフトしたのかは今後の研究課題である。

春香女性農楽団の正確な結成年月日も不明であるが、一九六〇年には、団体名はかかれていないものの「女性農楽団」「娘子農楽隊」が登場する農楽大会の記事や、大韓ニュースでの女性農楽団公演の映像[8]が見受けられ、これらが春香女性農楽団である可能性もある。春香女性農楽団の活動について、その団体名が確認できる記事は一九六一年九月二八日の京郷新聞に見られる。

ここには写真つきで春香女性農楽団の活動が紹介されている。「（中略）同農楽団は二年間連続して全国農楽競演大会で最優秀賞を獲得した著名な農楽団であり、二八日午後、徳寿宮で開かれる競演大会に参加する」という記事の内容が事実だとすれば、春香女性農楽団は記事の前々年である一九五九年には結成されていたことになる。

翌二九日の東亜日報には、前日二八日に行われた全国民俗芸術競演大会に参加した女性団体について、「南原邑より春香国楽院院生たちによって構成された純女性農楽団であった。（…中略）全二五種目に、革命公約を唱える革命公約歌まで準備して出場した春香国楽院の女性農楽は、まだ実験段階ではあるが、幼い李チュンファ（七歳）嬢ほか二名の農夫歌や、呉甲順（一八歳）嬢ほか二名によるチャンゴは、将来有望な熱演であった」と詳細に記されている。

この記事では「まだ実験段階ではある」「将来有望な熱演」などの表現から、当時の人々にとって少女たちによる農楽はそれまでの男性奏者による農楽に比べて非常に斬新に受け取られ、幼いながらも技術力の高い少女達への期待と注目が読み取れる。また公演レパートリーとして記されている「全二五種目」とは、農楽の基本的な団体演技である「パンクッ」[9]のリズムパター

写真 13　呉甲順の LP レコード「呉甲順とその一行」1978 年

写真 14　呉甲順のブロマイド（撮影年不詳）

写真15　1976年11月「アリラン女性農楽団」公演の様子
（金雲泰氏写真提供）

ンか、隊列の組み方の種類を数えたものと推測され、「農夫歌」や「チャンゴ」（チャンゴ奏者の個人技、ソルチャングのことと思われる）はやはり演目の中でも大きな比重を占めていたということがわかる。これらは現在に至るまで女性農楽団のレパートリーの中心演目である。

残念ながらこうした新聞記事にリーダー奏者サンスェであった「羅錦秋」の名は見受けられない。それは、この春香女性農楽団における主人公がチャング奏者の「呉甲順」であったからだろう。羅錦秋は、当時の呉甲順の様子や人気ぶりについて、多少悔しい思いをしたが、彼女には人を惹きつけるアイドル的な魅力があったと認めている。こうした花形奏者たちや、幼いながらも健気に踊る少女奏者の人気によって、女性農楽団は一気にその名を全国に知らしめた。

春香女性農楽団は全国各地をくまなく巡業した。発祥地の全羅北道の各都市はもちろんのこと、北東部は江原道《カンウォンド》の江陵《カンヌン》から、南は慶尚南道《キョンサンナムド》の巨済島《コジェド》まで、当時流行りはじめていた「地域芸術祭」が開催される所には必ず参加した。[10] また、農楽団の執行部（運営陣）たちが独自に地域の有力者と契約し、仮設劇場や既存の劇場を用いた地方公演も行った。

地方で仮設劇場を設営して公演を行う場合、劇場設営の技術チームである「コヤ（小屋）」係が巡業について廻り、トラックで支柱や天幕（キャンバス地のような分厚い生地）、楽器などの道具を運搬し、演奏者たちは電車やバスなどの交通機関で移動したという。テント小屋の中の空間は、背面に舞台があり（唱劇を演じるのに使った）、中央には円形の地面があり、その手前三面を囲むようにムシロ（莫蓙）が敷かれてそこに観客が座った。綱渡りの演技をする場合は、舞台の前や観客席の前などに綱が設置された（写真15、16参照）。テント小屋の入り口は「キド（木戸）」と呼ばれ、ここには入場料を受け取る受付係が座り、マッコリ酒や菓子などの売店も兼ねた。無銭観覧をしようとする地元の暴力団などがやってくる場合もあるので、腕っぷしの良い「コヤ」係の青年たちが警備をした場合もあったようである。

劇場を設営すると数日間興行を打つことになるが、まずは街頭の宣伝として「マチマリ（町廻り）」を行い、今度は小屋の前で「イルクミ（入込み）」を行う。このような宣伝演奏は、新人にいつもと違う楽器を試させるなど学習の場としての機能もあったようである。観客がある程度着席すると、農楽の「パンクッ」の演奏を始めた。先述の通り、初期の女性農楽団の農楽は、「クッコリ」や「サムチェ」などの基本的なリズムに合わせて舞踊を見せるシーンや、民謡の「農夫歌」を歌うシーンなどがメインであったが、その後いつ頃からか、全羅北道北部（井邑、金堤付近）に伝わるパンクッをベースにした農楽が演じられるようになっていった。また、それぞれの楽器の最も上手な奏者が一人ずつ出てきて個人演技を見せるシーンも人気であった。この個人演舞の最中に、次の演目である演劇の準備をするため、数名の演者は幕内に入って化粧と着替えをし、公演の最後は「トマク唱劇」（唱劇の一幕だけを見せる短幕劇）をもって飾った。これがひとつの公演のセットであり、多いときには一日に五回以上も観客を入れ替えて連続公演を行ったという。

写真16　1969年7月19日京郷新聞掲載「B少女国楽団」

羅錦秋はこの頃の思い出について懐かしそうに語る。毎日繰り返される公演のために足が腫れて靴が履けなくなったり、汗だくになった衣装で宿舎に帰り、洗って干してはまた次の朝着る。楽しくて笑い転げながら夜中まで話し込み、隣の部屋で寝ていた団長たちに叱られたりした。どんなにきつくても楽しくて仕方なかった共同生活は青春の思い出だと言う。そして年長者として、サンスェとして少女たちをとりまとめる責任感も常に感じていたこと、団員同士の喧嘩やいざこざを仲裁した話なども記憶している。

一九六〇年代後半には女性農楽団の人気は最高に達し、全羅道の南原以外の都市や、忠清道、京畿道などで類似した女性農楽団体が次々に誕生していった［権恩瑛　二〇〇四］。このような女性農楽団の人気は、当時農楽が民衆の娯楽として生きていたことの証しでもある。少女たちが地方を巡ると、公演の後にその地域の農楽の担い手たちが楽器を持って押し寄せ、その地域の作法で一緒に演奏をすることを要求することが度々あったという。このような交流をしながら、プロの舞台芸能者である女性農楽団の奏者たちと地元住民たちは互いに影響を与え合ったものと見られる。

4　渡米公演計画の頓挫、全州での結婚生活（一九六三年〜一九七〇年代）

全国で大人気を博していた女性農楽団体が、さらに大きく成長するきっかけが訪れる。一九六三年、女性農楽団の公演を見て気に入ったアメリカ人実業家の呼びかけにより、女性農楽団の渡米公演計画が持ち上がったのだ。ちょうど一九六〇年前後は「韓国文化」の独自性を世界に向けてアピールしようという機運が高まった時期であり、少年少女歌舞団などの芸術団をオリンピック、万博などの式典に派遣する事業が多数見られるようになる。羅錦秋の証言によれば、この渡米企画をきっかけに、当時各地で別々に活動していた女性農楽団から最も実力のある奏者だけを選抜し、三か月間ソウルで強化合宿をすることになり、全羅道の著名な男性農楽奏者たちを初めて正式に師匠として招聘して稽古をつけてもらったのだという。羅錦秋はこのとき、金在玉《キムジェオク》という井邑出身の男性奏者にケンガリの演奏と、サンスェの舞踊である「プッポチュム」を学んだ。

この三か月間の合宿によって、女性農楽奏者たちの実力はさらに磨かれた。また、全羅北道北部の井邑、金堤出身の名人たちに指導を受けた結果、レパートリーにこの地域の農楽の特徴がより一層強く見られるようになった。彼らはソウルで待機しながら渡米の指令を待ったが、残念なことに計画はあっけなく水に流れた。旅館での宿泊や食費などがかさみ、渡米費用を捻出するのが困難になったためである。せめて成果発表会を開こうと、ソウル市民会館で三月四日から数日間にわたって「送別公演」を行った後、メンバーたちには解散が告げられた。

その際、春香女性農楽団を立ち上げた時から羅錦秋と苦楽を共にしてきた呉甲順や安淑善・玉善姉妹などの主要メンバーはそれぞれの希望でソウルに残ったり、団体から脱退してしまった。その後、呉甲順は民謡やカヤグムピョンチャン（カヤグムを弾きながら民謡やパンソリの一部を歌うジャンル）で知られるようになり、安淑善は国民的なパンソリの歌い手として成功した。このように女性農楽団からその他の声楽、器楽に方向転換して現在も活躍している女性芸能者は多い。一方、羅錦秋はもともとの本拠地であった南原には戻らず、全羅北道全州《チョンジュ》市に向かうことを決めた。「全州アリラン女性農楽団」を運営していた李バングン団長が羅錦秋をスカウトしたためであった。

写真17　「韓美女性農楽団」活動期の写真　後列左端が羅錦秋の夫の張金童、白人女性がジェーン・ムコーエン、その右隣が羅錦秋　1964年頃

全州アリラン女性農楽団は、李バングン団長や全州市在住の国楽愛好者たちによって運営されていた。羅錦秋は身寄りがないため、しばらく李バングンとその家族に生活を支えられながら活動を続けた。李バングンは、主力奏者である羅錦秋を手放すまいと考え、自分の親友の張金童《チャングムドン》を紹介し二人は結婚に至った。張金童はバスの運転手として働きながらも、趣味でパンソリの鼓法（伴奏）を学んだり、女性農楽団の運営を手伝っていた人物だった。伝統音楽をこよなく愛し、羅錦秋の活動を応援していたが、一方で彼の家族は新婦が芸能者であるということを非常に嫌ったため、結婚後

写真18　全州の芸術会館で公演後に
1960年代末頃

しばらくは活動を避けた。

羅錦秋は時間をおいて活動を再開し、一九六四年頃には先の全州アリラン女性農楽団に、アメリカ人女性「ジェーン・ムコーエン」とその友人「ジョン」が加わったことで、この団体を「韓美《ハンミ》女性農楽団」と改めて再び全国巡業を行った。ジェーンはアメリカの平和部隊[11]のメンバーとして父親と共に来韓し、農楽に出会ってその魅力にとりつかれ、父親が帰国した後も一人で残って農楽団体での活動を希望するようになった人物だという。

その後、羅錦秋は一九六五年、六八年、七五年に一女二男を出産する。子供たちがいるため全州で家庭生活を送りながらも、農楽団で人手が不足したときには部分的に巡業に参加したり、学校などに農楽講師として指導しにいったりという、断片的な活動を続けていくことになる。

5　女性農楽団以降の活動（一九七〇年代後半〜一九八〇年代前半）

こうして、羅錦秋の女性農楽団での巡業公演活動は一九六〇年代後半には断続的なものになり、一九七〇年代に入って急速に普及したテレビやラジオ、レコードなどのメディアや、映画や歌謡ショーなどの他の娯楽に押されるかたちで女性農楽団自体の経営も困難になっていった［権恩瑛　二〇〇四：五八］。大衆の興味、関心が農楽や伝統音楽から遠ざかって行ってしまったのである。集客が困難になると団員たちの移動、宿泊、食事などの費用を確保するのが難しくなり、団体は次々に解散に追い込まれていった。多くの女性農楽奏者たちは家庭に入るなどして農楽界から離れて行った。一方、羅錦秋は断続的ではあるが、農楽やパンソリの活動を続けていた。さらに、この頃から全羅北道地方の様々な小・中・高等学校で農楽指導の経歴を積むようになる。特筆すべきは、一九八二年から数年間にわたり井邑市の甘谷《カムゴク》国民学校（現・甘谷初等学校、井邑市甘谷面）において子どもたちに農楽を指導し、大会での連続優勝に導いたことだ。井邑市は農楽の名人を多く輩出しており、井邑出身の著名なチャング奏者である金《キム》炳燮《ビョンソプ》や、その他の名人たちが前任者として教えていたこともあるが、羅錦秋の指導によって子どもが大人と競う全国大会で賞をとったというのは画期的なことであった。

また、若い頃からの努力が結実して、一九八三年には全州大私習《テサスプ》ノリ大会のパンソリ一般人部門において一位を獲得した。羅錦秋本人は、その後もパンソリの勉強を続けたかったが時間や環境が許さず、声が出なくなってしまったのは本当に残念だと常々語っている。

羅錦秋をはじめとする女性農楽団出身の奏者たちは、世襲の巫覡家系出身の芸能者たちに学んだため、パンソリや民謡、舞踊などの基礎を幅広く身につけた上で農楽の活動をしてきたが、現在プロとして活動する農楽奏者のなかで、そのような訓練を受けているケースは多くはない。当時と現在では社会が異なるため、そのような教育方法を全く踏襲するのは難しいといえるが、再び伝統音楽界から大物を輩出するためには、どのような教育方法が在り得るのか、という問題は、伝統音楽界での最重要課題であり研究テーマとしても興味深い。

写真19　全州大私習ノリ大会において
パンソリ一般部優勝　1983年

同じく一九八三年一一月、羅錦秋はソウル国立劇場小ホールで行われた「韓国名舞展」において特技である「プッポチュム」を披露した。このときの公演は、彼女の比較的若い頃の個人演技を映した唯一の映像として現在もインターネット上に残され

写真 20　衣装を着た羅錦秋、場所不詳。1983 年

ている。当時、実年齢で四六歳であるが、その姿からは力がみなぎり、ケンガリから繰り出されるリズムは、チャング奏者の金炳燮の演奏と一体に絡み合っていて、見る者にさわやかな印象を与えている。プッポの技量と、切れ味の良いケンガリ演奏を見せつけた直後に、恥ずかしげに笑いながら一礼する姿も魅力的である。現在のような柔和で無駄な力の入らない演奏とはまた異なり、若々しい少女時代の面影を残しており、非常に貴重な映像資料である。

6　文化財保有者認定と全北道立国楽院時代（一九八五年〜二〇〇五年）

一九八〇年代後半、羅錦秋にとって公私ともに重要な出来事が連続して起きる。この時期は女性農楽団活動以降の羅錦秋の人生においてハイライトであるとも言える。

一九八五年、羅錦秋は全羅北道道庁からある依頼を受けた。それは、その年の秋に行われる第二六回全国民俗芸術競演大会に、全羅北道代表として益山《イクサン》市で「裡里農楽《イリノンアク》」団体を結成し、大統領賞（最優秀賞）を目指してほしいという願いであった。羅錦秋はその団体指導と、サンスェとしての出演を依頼され、その後大会までの間、無償で益山まで通って授業をすることになる。

この全国民俗芸術競演大会は一九五八年に始まった政府主催の大会で、民俗芸能の発掘、復元、振興を目的としている。農楽だけでなく各地に伝わる田遊びや綱引き、豊漁祭などの民俗行事から、仮面劇や民謡まで幅広いジャンルの団体が一同に集まって競い合う。一九六二年の「文化財保護法」制定後にはこの大会の入賞団体が文化財の有力候補に直結するという、今に続くシステムが構築された。毎年、新たな団体が出場することで、学者たちも知らなかった芸能を発見するきっかけを作ってきた［文化部　一九九二：四〇六］。

一方で、こうした競演大会では優勝することが主目的となるため、元来の芸能の姿を変化させる危険性も秘めている。特に、この大会では広い競技場や体育館などで演技を行うため、参加人数が多ければ多いほど「見栄え」が良く、優勝の可能性も高まるという暗黙のルールが定着していた。そのため羅錦秋が率いた裡里農楽団も八〇人を超える規模だったという。中にはほとんど演奏経験のない主婦たちも混じっており、走り回りながら隊列の組み換えを行う時にぶつかったり楽器を落としたりというレベルからの指導で、非常に苦労したと羅錦秋は語っている。

当時、全羅北道の経済状況があまり豊かでなかったため、参加者たちは審査結果を直接聞くことなく帰郷しなければならなかったという。道職員だけを残してバスで南下する道すがら、一同は大統領賞受賞と、羅錦秋がサンスェとして個人演技賞を受賞したという結果を伝え聞いた。通常は大統領賞受賞団体には個人賞を与えないのが慣例であったが、審査員らの判断によってダブル受賞となった。地元紙の全北日報には「神憑ったサンスェ……観衆たち、魂を抜かれる」、「バチを持てば力が自然にみなぎる　農楽人生に一度も後悔はない」などの大見出しで受賞が報じられている。

大統領賞 받고 돌아온「裡里 농악」
상쇠 앞가슴에 쇠붙여 盛容자랑
농악人生 한번도 후회한일 없어
한국의 독보적존재 손색없어

写真21　全北日報に報じられた受賞記事、1985年9月24日

全羅北道の代表として華々しい成果を収めて帰郷し、各所で歓待を受けた羅錦秋であったが、そのとき精神、体力ともに限界状態であった。というのも、そのとき夫である張金童が原因不明の重度の神経痛を患って看病が長引き、養育費や生計もほとんど羅錦秋が担っている状況だったのである。大会出場の日も夫の病状が気がかりでならなかったという。その後、結局快方に向かうことはなく、張金童は同年一二月に亡くなった。三人の子どもたちはまだ幼く、

写真 22　全北道立国楽院時代、受講生の民謡発表会で伴奏する羅錦秋、1998 年

生活や進学にかかる経済的問題も深刻であった。生計を維持するために旧知の伝統音楽人たちに仕事の機会を尋ねて廻ったといい、その苦労は計り知れない。まさに、羅錦秋にとって人生最大の栄光と不幸、光と影が同時に存在した時期であった。

翌一九八六年一〇月には、全州市の徳津公園脇に伝統音楽の普及・教育機関として、「全羅北道立国楽院」が設立された。芸能の聖地とまで言われる全羅北道だったが、一般市民が伝統音楽を学ぶための施設としては初めて開設された。講師には主に全羅北道で活動する一流の名人たちが集められ、心待ちにしていた多くの市民たちがつめかけた。羅錦秋は一九八七年四月にこの道立国楽院にて民謡クラス講師に就任し、後にケンガリのクラスも出来て羅錦秋は民謡と農楽の両方を教えた。初めは講師として、のちには専任教授として二〇〇一年まで勤務した。

道立国楽院では、会社員さながらの勤務体制で、多い日には一日に五、六コマ以上の授業を受け持った。受講生の一般市民たちに慕われ、休みの日にも皆で遠足や河原での練習に行ったという。それまで羅錦秋は「演者」として活躍してきたが、道立国楽院時代以降は、「教育者」として多くの人々に影響を与えた。また、受講生たちだけでなく、学芸研究員、教授部（教育チーム）の同僚たち、事務職員とも親交を深め、昼休みの時間も惜しんで職員たちにも農楽を教えたという。プロではなく一般市民を毎日教え続けることによって蓄積されたそのノウハウは現在も活かされ続けている。

さらに、一九八七年一二月付けで、羅錦秋は全羅北道指定無形文化財、第七―一号「扶安農楽」の「サンスェ」

技能保有者に認定された。扶安郡は羅錦秋が居住する全州市の西側に位置し、車で一時間ほどの距離にある地域であり、指定以降には全北道立国楽院の教育活動と同時並行で扶安郡でも伝承活動をしていくこととなった。

コラム②「無形文化財としての農楽」

羅錦秋は何故、主な活動地でも出身地でもない扶安の農楽の保有者になったのだろうか。その理由について尋ねると、扶安出身のチャング奏者李東元《イドンウォン》（一九二二〜一九九〇、扶安郡出身）と女性農楽団当時から長年にわたって親交があり、共に公演活動をしたという経歴をもとに、行政側が決めたことだと羅錦秋は述べた。これは今考えればかなり疑問の多い決定基準である。

それぞれの地域には李東元のように、「トバギ」（根っからの地元民、生え抜き）の演奏者がいて、村祭りの農楽の伝承を担ってきた。村々の祭りを執り行うには、儀礼のプロセスや規範、慣習をよく知らなければならないが、興行団体出身の羅錦秋にそれらを求めるのは、本来は見当違いである。

しかし、一九八〇年代には既に、知識と技術が豊富な「トバギ」の農楽奏者たちが他界してしまったため、若い頃から彼らに芸能を学び、それを現在に最もよく伝えている羅錦秋のような人物が文化財保有者の候補に挙がったのである。

羅錦秋という芸能者を真正面からとらえ、無形文化財保有者として評価するのであれば、本来は地域農楽とは独立させて「女性農楽団」の芸能の保有者として指定するのが理想的だったと言えるだろう。しかし、過去志向で地域文化を尊重する民俗学界と無形文化財指定のシステムでは興行的な芸能を価値づけることができなかった。

こうした文化財システムの幅の狭さに比べて、実際の活動状況ははるかに多様だ。ある地域で行われる祭りにおいて、その出身者でない者（近隣の村で実力のある者）がサンスェなどの重要な役割を担ったり、農楽隊の半数が外部から応援に来たメンバーだったり、外部の専門家が指導するなどしてテコ入れしている場合もある。また、地域芸能が他地域に移動するケースとしては、ソウルなどの競演大会で注目を浴びて各都市の巡回公演に出る場合や、演奏者が移住した先で新たに伝承が始まる場合もある。近代化以降は、それが自然な伝承状況だといえるだろう。

国家や地方で文化財指定を受けている農楽団体の中には、実は脱地域的なリーダー奏者の誘導によって再興されたケースも多く、それまでの文化財システムのなかで求められてきた「純粋な村祭り農楽」のイメージと実情は、だいぶかけ離れている場合も多い。このあたりで、地域名を掲げて伝承活動を行っていくことの意味をもう一度考え直さなければならないだろう。

今後は全く地域性を持たない農楽奏者も増えてくることであろうし、他ジャンルとのコラボレーションなど創作的活動をする優れた伝統音楽奏者も現れるかもしれない。そのとき、そうした多様な農楽の「伝承者」たちを、無形文化財のシステムがどのようにとらえ、評価していくのかは、大きな課題だといえる。

7 扶安への転居と教育活動（二〇〇五年～現在）

二〇〇一年に国楽院を定年退職した後も、羅錦秋は教育の現場を離れることなく、国楽院からほど近い場所に農楽教室を開設した。国楽院の近所には個人の教室を開かないのが教授陣の間で暗黙の原則だったが、国楽院で最も多くの生徒を集めた羅錦秋への特別対応だった。国楽院で学んでいた弟子たちの多くがこの教室にも通うことになり、いつでも羅錦秋をとりかこんだ。

全州での活動と並行して、羅錦秋は扶安農楽の保有者に指定されていたため、扶安での教育活動に対しても責任があり、毎年発表会を開催する義務もあった。とくに、国学院退職後は扶安での伝授活動が盛んになり、指導のための往復が大変になったので二〇〇五年には扶安に転居した。

また、国楽院や教室の引退を機に高敞農楽伝授館において若手伝承者たちへの本格的な授業を始めたことは本書の冒頭にも述べた。高敞農楽の伝承者たちとは、一九九八年から断続的に活動を続けてきたが、定年後はその伝習活動がより集中したものとなった。それまでまとまったプロの弟子集団を持たなかった羅錦秋にとって、自身の芸能を伝える弟子たちを得たことは大きな喜びであったことだろう。実際に、羅錦秋が招聘公演などに出演するときには、高敞の弟子たちと共に団体演目のパンクッを演奏し、羅錦秋がプッポチュムを見せるときには彼らが伴奏を担当した。その後二〇〇〇年代後半には扶安でも弟子集団が形成され、現在では高敞の弟子たち、扶安の弟子たちが共に羅錦秋の活動を支えるかたちになっている。

羅錦秋はその他にも各地の農楽大会の審査員を務めたり、公演に出たりと精力的な活動を見せてきた。二〇一六年現在七九歳になるが、今でも現役の芸能者として舞台に立ち、また教育者としても惜しみなく積極的に活動を続け、多くの人々が影響を受けている。

四　羅錦秋農楽キャンプを通じて見た個人奏者の役割

1　女性農楽団出身者たちのその後

ここまで羅錦秋の人生について見てきたが、本節では女性農楽団と羅錦秋の芸能を今後どのように受け継いでいくのかという問題について考えてみたい。こうした問題は現在進行形で、常にナイーヴな事柄なので語るのが難しく、ほとんど深い議論が交わされてこなかった。

羅錦秋と同様に、後進に影響を与えている奏者たちを見てみよう。羅錦秋とともに女性農楽団で活動し、「全州アリラン女性農楽団」などでサンスェを担ってきた兪枝和《ユジファ》（一九四三年生まれ、全州出身）も、一九九六年に全羅北道井邑市において「井邑農楽」のサンスェ技能保有者に指定され、現在も精力的な伝承活動を展開している。その他の演奏者では、柳順子《ユスンジャ》（一九五五年生まれ、全羅南道求禮《クレ》郡出身）が農楽界に残って女性農楽団の脈を守ってきた。柳順子は羅錦秋より一世代後の一九七〇年代後半に「湖南女性農楽団」でサンスェを担っていた。現在は出身地である求禮で社団法人「湖南女性農楽保存会」を立ち上げて活発な活動を見せており、文化財指定は受けていないが弟子集団もしっかりと形成されている。また、柳順子がサンスェを務めた湖南女性農楽団の団長、金七善《キムチルソン》の息子で、幼い頃少年奏者として活動した金雲泰《キムウンテ》（一九六三年生まれ）は現在ソウルを拠点に公演活動を行っており、「女性農楽団の復活」というコンセプトで若手女性奏者らと共に「演戯団パルサンデ」を結成して活動をしている。二〇一二年に開催された麗水《ヨス》エキスポで常設公演を行ったり、二〇一四年にはソウルの国立劇場で単独公演を行うなど精力的な活動を見せている。小学生から三〇代前後の若い女性奏者たちに女性農楽団のパンクッや、パンソリ、民謡、舞踊などを教育し、形式としても内容的にも女性農楽団のリバイバルを全面的に強調し、再ブームを目指す趣旨で活動している。その他、女性農楽団で少年奏者として活躍した男性のメンバーたちのなかには現在も農楽やサムルノリ界で活動する人物が多い。

女性農楽団の活動自体は一九七〇年代に終わったものである。現代において当時の「女性農楽」そのものの活動形態をそのまま継承することは難しいだろう。なぜなら、今や農楽は「伝統芸能」に分類されて大衆との距離が離れてしまい、女性による伝統芸能の斬新さも当時ほど効力を発しないからである。しかし、その公演形態や学習方式、伝統と創作の大胆なクロスオーバーなどからは学ぶべきものが多い。全国の農楽界の中心人物となって伝承活動を続けている出身奏者たちに、女性農楽団時代の様々なエピソードを聞き、農楽伝承のヒントにしていくことが重要だといえるだろう。

2　羅錦秋による教育活動の現状

羅錦秋は文化財指定を受けた後、扶安の李東元や現地の農楽愛好家らとともに扶安農楽保存会を結成し、発表会を行うなどの活動をしてきた。しかし、一九九〇年に李東元が亡くなった後、後継者と羅錦秋の間に葛藤が生じ、現在この保存会は実質上機能していない状況にある。

そんななか、もともと農楽やサムルノリの活動をしていた李哲虎《イチョロ》（一九六八年生まれ、益山市出身）が扶安に移住し、二〇〇九年頃から羅錦秋に師事するようになった。それまでは高敞農楽の若手奏者を中心にして行われてきた羅錦秋の伝習合宿であったが、二〇一〇年以降は李哲虎が主導して、将来プロを目指している中高生や地元の愛好家なども受け入れる「羅錦秋扶安農楽キャンプ」を行うようになった。

この合宿は毎年夏・冬休みに一週間ほどの期間で開催されており、筆者も二〇〇九年から二〇一五年まで毎年参加してきた。このキャンプでは、団体技のパンクッや個人技のプッポチュム、ソルチャングをメインとし、民謡やパンソリの一部も習ったり、羅錦秋の女性農楽団時代の話を聞いたりする時間も設けられている。このキャンプが安定的に行われるようになったこともあって、二〇一四年には長い間葛藤のあった「扶安農楽保存会」との関係性を打開するため、別途に「扶安右道農楽保存会」を立ち上げて、活動を仕切り直した。根本的な解決とは言えないが、扶安在住の弟子たちがこの団体を立ち上げたことで、名実ともに羅錦秋の農楽を受け継ぎ、活動していく意思を表明したということになる。

写真23　扶安農楽キャンプにてパンクッのリズムを教える羅錦秋、2015年8月

一方、高敞の演奏者たちも継続的に羅錦秋の伝習を受け続けており、二〇〇九年前後には、高敞の弟子達に連なる全国の農楽奏者のネットワークを活用して公演チームが結成され、ソウルと全州において大規模な公演を行った。この公演後、このチームで継続的に羅錦秋からの伝習を行うことを目的として、一年に二回ずつ合宿を行うことになった。二〇一二年にはこの団体に「錦秋芸術団《クムチュイェスルタン》」と名前をつけ、より組織を明確にして活動することになった。彼らは普段それぞれの地域やグループでの活動に専念しなければならな

い人々であり、常に羅錦秋のもとで活動することはできないが、逆にそれぞれの場所で羅錦秋の芸能を受け継いでいく重要な伝承者になっている。

3　羅錦秋の教育スタイルとその影響

現在行われている一般人向けキャンプや弟子たちとの伝習を長い間観察し続けていると、羅錦秋の教育スタイルの特徴と、それが伝習コミュニティに与える影響が見えてくる。

まず、羅錦秋が一般人や子供たちの教育に非常に慣れているのには驚かされる。昔気質の名人たちの多くは、「打て、違う」「こうやるんだ、もう一度打ってみろ」「違う！」という教授法を厳しい体罰とともに繰り返すのが普通だった。それに対し、羅錦秋は順序立てた説明や、装飾的リズムの単純化などの方法を用いている。羅錦秋自身は師匠や先輩格の女性奏者たちに厳しく鍛えられたが、道立国楽院や小学校などでの長年の教育経験のなかで、初心者にわかりやすく、学習が長続きするためのノウハウを自ら編み出し、蓄積してきたのである。

それでもよく見ていると、幾度となく反復練習をしたり、イプチャンダンと呼ばれる口唱歌によって打楽器のリズムをそらんじたり、楽器を叩いてもパターンがつかめない者にはバチで床を叩いたり、手で肩を叩いたり、背面から楽器に向かって手を差し伸べてバチの使い方を見せるなど、古くから用いられてきた教授方法も駆使している。

羅錦秋の教育のもうひとつの特徴は、彼女が弟子の学びに対して、どこまでも惜しみなく補佐をする点である。例えば、弟子たちが個人技に挑戦する際には、練習でも本番でも必ず羅錦秋が自ら伴奏をつける。弟子がケンガリを叩きながらの舞踊（プッポチュム）を演じるときにはチャングで伴奏をつけ、弟子がチャングのソロ演奏（ソルチャング）をするときにはケンガリで補佐する。このように異なる楽器で伴奏をつけてもらうことによって、弟子たちはアンサンブルの構築の仕方や、テンポ感覚を鍛えることができる。羅錦秋のテンポは非常に正確であるが、メトロノームのように単純な等間隔なのではなく、相手の呼吸や体の動き、フレーズの文脈に合わせて、その拍の幅を自由自在に伸び縮みさせることがあり、それが余計に「正確」な印象を与える。打楽器奏者がそのような感覚を身につけるには、言葉ではなく耳や体で覚えることが一番であり、羅錦秋本人も「師匠と一緒に頻繁に演奏することで上手くなる」と述べていた。

また、個人技のなかでも舞踊的なシーンにおいては、「口音《クウム》」と呼ばれる歌詞の無い旋律を即興的に歌って伴奏することが多い。この口音による応援は、演奏者に対して非常に大きな力を与える。筆者もキャンプでソルチャングの練習をしたときに、羅錦秋が口音を歌ってくれたことがあった。大家の口音に合わせて初心者がソロパフォーマンスをするという経験は普通なかなか出来ないが、羅錦秋のキャンプにはそのような恵まれた環境があった。

写真 24　弟子の李明勲への個人レッスン　2013 年

他にも、全北道立国楽院時代の同僚が、自分の息子を羅錦秋に習わせていたのだが、「小学校で発表会をすることになった」と伝えたところ、当日何の連絡も無しに学校にやってきて伴奏してくれたという。これもまた、求める者にはとことん自分の技を伝えようというこだわりを感じさせるエピソードである。

また、弟子たちをひたすら褒めて教えるのも、羅錦秋が他の指導者と異なる点である。いつも口癖のように「アイゴー、ネセッキ、チャランダ（あらまあ、わたしの可愛い子ちゃん、なんて上手なの）」と満面の笑みを浮かべて弟子たちの演奏を見る。プロの弟子たちを教えるときも、いつも褒めちぎり、直接的にはほとんど批評をしない。しかし後で筆者のような第三者が評価を聞くと、かなり辛辣な意見を述べることがある。体に染みついてしまった癖や不足点は、自分で気付かなければならないから口で言っても仕方ないと言う。弟子たちにとってはそうした羅錦秋の教育スタイルがむしろ緊張感につながり、師の前で個人演技を見せるときには震えることがあると言う者もいた。

やはり一般愛好家への教育に比べ、プロの弟子たちに対しては教え方の深みが異なる。羅錦秋はプロの弟子たちに対しては、難しいパターンや演奏法の学習を要求する。バチ一振りでいくつもの音を出したり、同じパターンでも「呼吸」の使い方によって全く違った音色を何種類も繰り出したりすることを教えようとするが、西洋的なテンポ感覚や等分拍のリズムの概念に馴らされている若手奏者にはなかなか簡単ではない。こんなときの師弟間の真剣さには、一般愛好家たちとのキャンプとは異なる緊張感がある。

羅錦秋が教育的発言のなかでとくに強調している点は、ひとつのジャンルだけでなく様々な楽器、声楽や舞踊を学ぶこと、自分の音に陶酔すること、リズムや音色が一辺倒ではなく多様でなければならないこと、その場でフレーズを新しく作る即興性を持つこと、音色の美しさをひたすら追求すること、体の動きと演奏が一体になっていることなどである。そして実際に、それらの価値観に基づいた細かい技術を伝えようと心掛けているのがわかる。こうした価値観や教育方法からは、これまでの村祭りの農楽の伝承者たちとは異なる、「芸術家」としての農楽奏者の見解が感じられる。

羅錦秋が伝承する農楽は、専門性が強い芸能であると断言できる。速いリズムを打ちながらステップを揃え、ぐるぐる回転しながら前進したり、美しく舞いながら演奏する体の使い方は、一般人が簡単にできる芸当ではなく、厳しい訓練を要するものである。プロの演奏者たちはそのような技術の習得のために、心を鬼にしなければならないときがある。しかし羅錦秋は教育現場で、技術の習得よりも人間としての成長が重要であると語っており、実際のキャンプでも皆で仲良く楽しもうという家族的な雰囲気を作ろうとする姿が見られる。それは、羅錦秋本人の趣向であるかもしれないし、これまで彼女が一般愛好家と関わってきた環境、経験に起因しているのかもしれない。

そうした羅錦秋本人の両面性が、初心者とプロの弟子たちが入り混じったコミュニティの形成に影響を与えていると言えるだろう。

4　近年の農楽伝承における個人技のレパートリー化現象

羅錦秋が弟子たちに伝えていきたいものとは別に、伝習者サイドが期待し、求める学びには、時代の傾向が見られる。筆者は毎回キャンプの参加者に動機を尋ねてきたが、ほとんどが羅錦秋のケンガリの演奏技法や、個人技の「プッポチュム」を学ぶためであると答えた。団体技である「パンクッ」や、そのなかでのリーダー奏者の「サンスェ」の役割よりも、「プッポチュム」でいかに羅錦秋のような芸を見せられるかという点に関心を示す参加者が多い。

このように個人技（ソロ演奏）の伝習を重視する傾向は、近年の農楽伝承全体に強まっているようである。扶安以外の地域の合宿を見ても、個人の名前を冠した「誰々流ソゴチュム（ソゴ奏者の舞）」、「誰々流ソルチャング」という題名を掲げて開催されるものが増えてきているようであるし、中には、既に故人となった演奏者のスタイルを学ぶものもある。こうした現象は個人のスタイルを継承することを目的とした「流派」の形成とも解釈できる。この傾向の理由には、第一に古老の奏者たちが減り、彼らからの伝習に注目が高まってきたことも挙げられるだろうし、他の器楽ジャンルと同じく、遅まきながら農楽界にも「個性」への目覚めが訪れたからだともとれるだろう。しかし、それだけではないように思う。

筆者はこの傾向には、一九七〇年代に現れた「サムルノリ」の強い影響があると考えている。当時、金徳珠をはじめとする若手農楽奏者たちが、全国各地の農楽の特徴的なリズムパターンを集め、「嶺南サムルノリ」「ウッタリサムルノリ」「右道サムルノリ」など、各地の地名を題名に冠した楽曲を作り、そのなかで彼らが解釈した各地の農楽のスタイルを表現したのである。各地の農楽の違いをそれぞれ叩き分けることは、例えて言うならば、役者が

「博多弁」「大阪弁」「津軽弁」を器用に操り、あるときは「博多弁」で芝居をし、またあるときは「大阪弁」や「津軽弁」でスピーチをするのと似たようなもので、幼い頃から各地でプロフェッショナルな演奏活動をし、観察眼を磨いてきた彼らならではの発想であり、それを可能にする技術とセンスを持っていたのだと言える。

それ以前には、複数地域の農楽をわざわざ演じ分けるような演奏者は存在し得なかったが、サムルノリの登場以降、各地域の特徴が「レパートリー化」または「作品化」される現象が起きてくる。その後、金徳珠をはじめとするサムルノリの奏者達が教育機関で教べんをとるようになると、その弟子たちは当たり前のように複数の地域スタイルを同時にレパートリーとして身につけることが義務とされるようになっていった。

個人の演奏スタイルのレパートリー化も、これと同じ文脈で現れたように思う。「誰々先生流のソルチャング」をいくつも身につけるという発想はこれまでなかったが、現在のプロ奏者たちは当たり前のようにそうした学習を行っている。まるで、ピアノの楽曲をいくつも持ち合わせておいて、必要なときにそれぞれを取り出して弾けるようにしているような印象を受ける。

地方のスタイルもさることながら、個人の演奏スタイルの真髄を理解してその技を吸収し自分のものにするのには本来、果てしない時間と労力がかかる。「羅錦秋のプッポチュム」という楽曲はどこにも存在せず、本人でさえも常に変化するものである。羅錦秋キャンプで「プッポチュムをしっかり学びたい」と言う参加者に限って、そのリズムパターンや振り付けを順番通りに整理して学ぶことを希望している場合が多い。「羅錦秋のプッポチュム」を必要以上に「作品化」「固定化」することは、健全ではないと筆者は考えている。下手に真似れば3Dスキャンのように、外皮は似ていても本質的な構造が全く違うものになってしまう危険性も秘めているし、順番通りにパターンや振り付けをなぞっていることに終始していては、芸を自由に展開させていく応用力が鍛えられないからである。

そもそも韓国の伝統音楽では、師匠のフレーズやスタイルをそのまま複写することに対する批判と、師匠を越えて自分のスタイルを形成することを大事にするという価値観が受け継がれてきたはずである。師匠の言ったフレーズを一字一句オウムのように繰り返して上演し続けることを、無意識のうちに目的化するのは危険だと感じる。

師弟間の伝承の大きな目標とは、師匠からの伝習を通して観察眼を鍛え、師匠が演奏する様々なフレーズの違いを聴き分ける耳を育て、師匠の語り口調や言葉のクセを身体に染みこませ、その方言の文法や言葉づかいで自由に話せるようになることだと言える。これにはやはり、継続した学習の過程が必要だろう。羅錦秋による伝承現場において弟子たち、愛好家たちの間にそのような上質な学びが持たれることを願ってやまない。

5　羅錦秋から何を学ぶのか

毎回キャンプの終わりごろに参加者たちに感想を聞くと、たった一週間のキャンプで羅錦秋のプッポチュムやケンガリ奏法を習得するのは根本的に不可能であり、最終的には自分で長期間鍛錬して体得するほかはないという気づきを語る者が多い。また、期待してきた技術の習得よりも、羅錦秋の「サンスェ」としてのわざに心を動かされたという意見がよく聞かれる。大勢の演奏者たちを導くには、ケンガリの打法や装飾的なパターンを聞かせることよりも、演奏者たちの心や身体の底に渦巻いているエネルギーを上手く引出して、合奏によってそれを共有できる場づくりに長けている必要がある。これを習得するのは物理的技術を身につけること以上に難しいことであるが、キャンプを通じて、羅錦秋からそのような「わざ」の存在に改めて気づかされたと語る参加者たちが多かった。これは、キャンプの大きな成果であると言えよう。

参加者たちが語るとおり、羅錦秋と一緒にパンクッを演奏する中で感じる「シンミョン」（楽しさ、面白さ、興奮、高揚感）は並々ならぬものがある。こうした「シンミョン」は農楽の最も根本的なエッセンスであり、魅力であるとも言える。農楽の出発点である村祭りにおいても、また羅錦秋が活動した女性農楽の興行のなかにも、観客と演者の身体から

写真 25　羅錦秋の誕生日を祝う弟子と近隣住民の祭りにて　2015 年

写真 26　羅錦秋の誕生日を祝う弟子たち

ふつふつと湧き上がって頂点に到達するような「面白さ」は共通して存在している。ただし両者において、その「シンミョン」に到達するまでの道筋、方法論が異なるのである。羅錦秋の弟子の一人であり、筆者の研究や分析に関して様々な助言をくれた李性洙《イソンス》が、村人たちによる農楽とプロによる農楽の違いについて次のような分析をしていた。

村祭り農楽のシンミョンは、シンミョンをどのようにすれば出せるのかということを奏者が認識して作り出しているのではない。地域に古くから伝わる祭りの伝統のなかで、様々なプロセスが組まれており、その各所にシンミョンを引き出す仕掛けが隠されている。毎年変わらぬ祭りのシステムに従っていくなかで、自然に「何故だかわからないけれど興奮する」という状態に到達するのが村祭りのシンミョンなのである。

一方で専門集団による農楽では、見物人たちのシンミョンを確実に引き出すことで報酬を得なければならないため、専門芸能者たちは他者のシンミョンを引き出し、コントロールし、自分自身は完全には陶酔し切らずに平常心に戻って来れるような技術を身につけている。ケンガリやチャングの音、身体を通したコミュニケーションをどのように使えば他者が面白いと感じるかを知っているということであろう。そのような農楽を取り仕切るサンスェは、シャーマンや司祭者、宗教者に近い役割を果たしてきたと言える。

また、李性洙は村人とプロ奏者の中間の層に、アマチュア奏者がいるという点も指摘していた。このレベルの人々はプロ奏者の演奏に一緒に加わったり見たりしながら、シンミョンが作られるメカニズムについて頭ではわかっているが、それを生み出し、コントロールするための技術が足りないので、完全なシンミョンに到達できたり、できなかったりする。厳密に言えば、現在「プロ奏者」として活動している演奏家のなかにも、このレベルにとどまっている者が少なからずいると言えよう。物理的な技巧で観客を圧倒させることはできても、観客たちのシンミョンを引き出して無我の境地に連れて行くのはそう簡単ではない。

このように、絶妙なタイミングでポイントを突くように他者のシンミョンを引き出す人物を指して、韓国語では「あの人は『クン』だ」という表現をする。本物の専門家、プロ中のプロだという意味である。羅錦秋は農楽のサンスェとして、または普段から一人の芸能者として、自分が居る場を盛り上げる術を知っており、まさにこの「クン」であると言えるだろう。例えば、扶安農楽キャンプでは、一週間の合宿を終えると毎回恒例で打上げをするのだが、羅錦秋はいつも率先して流行歌を歌ったり踊ったりして場をどっと沸かせ、そして気が付くとスッと居なくなって帰ってしまっている。その去り際の素早さ、自然さ、そして同時に、盛り上がっていてもどこかで引いた視線を持っていながらそれを感じさせないところは、韓国のシャーマンたちとの共通性を感じさせる部分でもある。羅錦秋からの伝習の場では、物理的なテクニックだけでなく芸能者としての羅錦秋の立居振る舞い、姿勢などをよく見ておく必要があるだろう。

おわりに

本書を通じて女性農楽団と羅錦秋の活動変遷を見てきたが、女性農楽団はその時代性、脱地域性、活動形態、

写真27　チャングを叩く羅錦秋 2015年

ジェンダーなどにおいて、農楽の伝承全体から見れば特殊な例であると言える。しかし彼女たちが、先代の男性農楽奏者や、舞台芸能者たちの豊かなわざを吸収し、膨大な公演経験を通して「芸術」としての農楽の境地を切り開いたという点で、その歴史的価値を見逃すことはできないだろう。また、羅錦秋という個人のライフヒストリーを語ることによって、それまで地域研究のなかでは扱いきれなかった主題が数多く浮かび上がってきた。そのひとつが、個々の奏者が農楽の伝承において果たす役割やその影響というテーマである。

農楽は団体芸能ではあるが、個々の演奏者はそれぞれ異なる演奏の特徴を持っている。長年学んでいれば、目隠しして聴いても羅錦秋の演奏なのか、女性農楽団の他の奏者のものなのかわかるようになるだろう。そして、そのようにそれぞれに異なる癖を持っていながらも、共に演奏するときには一体感が感じられるというのが農楽の面白味である。さらに、個々の演奏者の特徴はその本人のみにとどまることなく、同世代や次世代に伝達されるものである。羅錦秋の教育現場において弟子たちが師匠の芸を吸収しようと長年努力するなかで、彼らのしぐさや音から羅錦秋の「香り」が漂うようになると感じたことがあった。複数の弟子たちが各々異なるアプローチで師匠の芸を解釈した結果、それぞれに異なるかたちでその「香り」がアウトプットされてくるのも面白かった。このように、個人の特徴が文字ではなく体を通して次世代へ受け継がれていく姿を目の当たりにすると、伝統芸能の素晴らしさや不思議さを思わずにはいられない。

これから個人や地域ごとに異なる特徴を持った名人たちが去っていき、ますます農楽の多様性が薄れていけば、いつか農楽は画一的でのっぺりとしたものになっていってしまうのではないかという懸念がある。今、どのようにすれば農楽の多様性を取り戻していくことができるかを考えていかなければならないときが来ていると言える。筆者も農楽研究に関わる一人として、何ができるかを模索している。そのとき、やはり個人奏者の演奏の特徴やライフヒストリーから農楽全体の可能性を見つめ直す、ボトムアップの研究方法が有用になってくるだろうと考えている。個人を研究すると、一人の奏者だけを賛美しているという誤解を受けかねない。しかし一人の奏者の特徴を分析し、これを語ることによって農楽の多様性を再び知るきっかけになり得ると筆者は考えている。とはいえ、一人の奏者について知るためには世代・地域・性別・文化的背景などの条件を整えて他の奏者と比較したり、また別の個人を深く掘り下げて分析する必要がある。本書で紹介した研究はまだ始まりにすぎないのである。

注

（1）メックッは地域によっては「メグ」、「メグッ」とも発音される。地に宿る魑魅魍魎の厄を払う「埋鬼」（メグィ）に由来すると言われる。

（2）男《ナム》寺堂牌《サダンペ》は朝鮮時代の放浪芸能集団として有名である。寺社の権限をもらって勧進という名目で農漁村の家々を巡り、農楽やアクロバティックな芸、人形劇などを見せお布施を乞う活動をした。また、女性の芸能者（寺堂）と男性の楽士（居士）たちが共に活動する寺堂牌《サダンペ》も全国各地を廻っていた。各地の民謡の旋律や農楽のリズムにはその痕跡が残されている。

（3）「協律社」は一九〇二年に設立された官立劇場とその専属芸能団のことである。高宗の即位四〇年の記念式典を予定して作られたが、伝染病の流行で延期になったため、しばらくの間は一般人を対象にした公演を行った。その後様々な経緯を経て、一九〇六年には官立劇場としての協律社は一旦廃止となるが、この名前にあやかって、「金昌煥協律社」「宋萬甲協律社」などと名乗って全国巡業を行う私設の芸能者集団が多数現れた。[宋奇泰　二〇〇七]。彼らのレパートリーのなかにはパンソリや民謡だけでなく農楽や綱渡りなどの雑技も含まれており、その後に続く様々な巡業芸能団体の原型になった。一方、官立劇場の跡地には一九〇八年に円覚社という名の円形劇場が設立され、そこで本格的な唱劇形態の演劇が演じられるようになっていった。

（4）日本から流入したサーカス団の設営技術や集客、運営のシステムなど大部分は女性農楽団にも適用されており、その証拠として「キド（木戸）」「コヤ（小屋）」「アシバ（足場）」など数々の劇場用語が日本語のまま用いられている。

（5）当時「国楽院」と呼ばれた機関は、現在ソウルにある「国立国楽院」のような公立の伝統音楽普及機関とは異なり、私立の芸事の教室のような存在であった。各地でそれぞれ活動している有力な芸能者のもとで、世襲の巫覡家系出身の若い女子たちや、料亭などに出向して生計を立てている妓生たちがパンソリやカヤグムなどを学んだ。羅錦秋が通った光州国楽院は一九五二年にパンソリの名人、鄭珖秀《チョングァンス》らによって設立された。

（6）郷校は高麗、朝鮮時代から続く地方の教育機関で、儒学を教えるための場所であった。

（7）競演大会における女性農楽関連の記事は以下の日付の新聞に掲載されていた。京郷新聞一九四七年三月一九、二二、二六、二九、三〇日、一九四八年三月二四日、四月一、三、四、六日、東亜日報一九四八年四月一日。

（8）一九六〇年四月一日に放送された大韓ニュースでは三月二六から二七日にかけて行われた李承晩大統領の八五歳の誕生記念の一連行事として「第一回全国農楽芸術競演大会」がソウル運動場で行われたと伝えられている。映像には、約三〇人の若い女性奏者や子どもが農楽を演奏している姿が映っている。

（9）パンクッとは、農楽の様々な演奏形態のなかで最も技巧的なもので、リズムパターンを様々に切り替えながら、舞踊や隊列の組み替えを見せる。リズムと舞踊による組曲のようなものだと理解すれば良いだろう。これらは、リーダー奏者「サンスェ」の合図によって変化していく。リズム変化の流れは大きく決められているが、そのなかの細かいパターンや舞踊の振りなどは演じ手に任されている部分が大きい。村の農楽で演じられるパンクッは素朴なものだが、専門的な芸能者によるパンクッは約束事や見せ場がたくさん織り込まれている。

（10）一九四〇年代に各地で「地域芸術祭」を開催する動きが始まり、五〇年代、六〇年代に非常に盛んになった。女性農楽団が巡回した代表的な芸術祭には、江原道江陵「端午祭」、忠清南道扶余「百済芸術祭」、全羅北道南原「春香祭」、全羅南道求禮「穀雨祭」、全羅南道光州市「湖南芸術祭」、慶尚北道慶州「新羅文化祭」、慶尚南道鎮海「軍港祭」、慶尚南道密陽「アラン祭」、慶尚南道晋州「開天芸術祭」等がある。

（11）平和部隊(Peace Corps)は一九六一年、第三五代アメリカ大統領ジョン・F・ケネディにより設立された政府運営のボランティア計画で、その参加者は発展途上国の教育・技術などの支援を行う。韓国では「平和奉仕団」と呼ばれる。

参考文献

魏敬蕙
二〇〇五　『光州の劇場文化史』（광주의 극장문화사）韓国：ディジリ。

林美善

二〇一四「解放空間期の全羅北道農楽の発展様相」(해방 공간기 전라북도 농악의 발전 양상)『解放空間およびその前後の音楽史』(해방공간 및 그 전후의 음악사) 韓国：韓国音楽史学界。

金廷憲

二〇一四「『農楽』と『プンムル』の妥当性の検討と『農楽』批判に対する反論」(농악과 풍물의 타당성 검토와 농악 비판에 대한 반론)『農楽現場の解析』(농악현장의 해석) 韓国：民俗苑。

金徳洙

二〇〇九『世界を打ち鳴らせ――サムルノリ半生記』東京：岩波書店。

金明坤

一九八一『どうしたら賢い弟子を置いて死ねるか?――任実ソルチャング 申基男の一生』(어떻게하면 똑똑한 제자 한놈 두고 죽을꼬?: 임실 설장구 신기남의 한평생) 韓国：プリキプンナム。

権恩瑛

二〇〇四『女性農楽団研究』(여성농악단연구) 韓国：新亜出版社。

権度希

二〇〇一「二〇世紀妓生の音楽社会史的研究」(20세기 기생의 음악사회사적 연구)『韓国音楽研究』第二九号、韓国：韓国国楽学会。

権度希

二〇〇三「妓生組織の解体以降における女性音楽家たちの活動」(기생조직의 해체 이후 여성음악가들의 활동)『東洋音楽』第二五号、韓国：ソウル大学校音楽大学附属東洋音楽研究所。

求禮郡編、李京燁他

二〇一二『柳順子サンスェと湖南右道女性農楽』(유순자 상쇠와 호남우도 여성농악) 韓国：シンミアン。

高敞農楽保存会

二〇〇九『高敞農楽』(고창농악) 韓国：ナムハングル。

全北道立国楽院

二〇一一 ソギョンスク採録『全北の伝統芸人口述史Ⅱ 全羅北道指定無形文化財第七―一号扶安農楽サンスェ保有者 羅錦秋』(전북의 전통예인 구술사Ⅱ 전라북도지정무형문화재 제7―1호 부안농악상쇠보유자 나금추) 韓国：協

成出版社。
二〇一五　キムムチョル採録『全北の伝統芸人口述史14　全羅北道指定無形文化財七―二号井邑農楽サンスェ保有者　兪枝和』（전북의 전통예인 구술사14 전라북도지정무형문화재 제7―2호 정읍농악상쇠보유자 유지화）韓国：ヒューデザイン。

宋奇泰
二〇〇七「世襲巫系集団のプンムルクッの公演と地域プンムルクッの伝承――高敞と霊光地域を中心に」（세습무계집단의 풍물굿 연행과 지역풍물굿의 전승：고창과 영광지역을 중심으로）『南道民俗研究』第一五号、韓国：南道民俗学会。

林史樹
二〇〇七『韓国サーカスの生活誌――移動の人類学への招待』東京：風響社。

文化部編
一九九二『韓国の民俗芸術――全国民俗芸術競演大会三三年史』（한국의 민속예술：전국민속예술경연대회 33년사）韓国：文化部。

白賢美
一九九七『韓国唱劇史研究』（한국 창극사 연구）韓国：太學社。

洪顯植、金千興、朴憲鳳
一九六七『無形文化財調査報告書第三三号　湖南農楽』韓国：文化財管理局。

リュジャンヨン
一九九四「湖南右道女性農楽」（호남우도여성농악）『韓国の農楽　湖南篇』（한국의 농악 호남편）韓国：修書院。

付表　国家・地方無形文化財の指定を受けている農楽団体

国家指定無形文化財

指定区分	指定番号	名称	伝承地域
重要無形	11-1 号	晋州三千浦農楽	慶尚南道 泗川
	11-2 号	平澤農楽	京畿道 平澤
	11-3 号	裡里農楽	全羅北道 益山
	11-4 号	江陵農楽	江原 江陵
	11-5 号	任実筆峰農楽	全羅北道 任実
	11-6 号	求禮潺水農楽	全羅南道 求禮

地方指定無形文化財

指定区分	指定番号	名称	伝承地域
京畿道	20 号	光明農楽	京畿道 光明
	21 号	安城男寺堂ノリ	京畿道 安城
	46 号	楊州農楽	京畿道 楊州
仁川広域市	19 号	カプビゴチャ農楽	仁川広域市 江華
江原道	15 号	平昌屯田坪農楽	江原道 平昌
	18 号	原州梅芝農楽	江原道 原州
忠清北道	1 号	清州農楽	忠清北道 楊州 清州
大田広域市	1 号	ウッタリ農楽	大田 儒城
全羅北道	7-1 号	扶安農楽	全羅北道 扶安
	7-2 号	井邑農楽	全羅北道 井邑
	7-3 号	金堤農楽	全羅北道 金堤
	7-4 号	南原農楽	全羅北道 南原
	7-5 号	鎮安農楽（※）	全羅北道 鎮安
	7-6 号	高敞農楽	全羅北道 高敞
全羅南道	6 号	和順寒泉農楽	全羅南道 和順
	17 号	右道農楽	全羅南道 霊光
	39 号	珍島素浦乞軍農楽	全羅南道 珍島
光州広域市	8 号	光山農楽	光州広域市 光山
慶尚北道	4 号	清道車山農楽	慶尚北道 清道
	8 号	金陵ピンネ農楽	慶尚北道 金泉
慶尚南道	13 号	咸安化川農楽	慶尚南道 咸安
大邱広域市	1 号	孤山農楽	大邱 壽城
	3 号	旭水農楽	大邱 壽城
釜山広域市	6 号	釜山農楽	釜山 西区

※2003 年に指定解除

1987	50	4月14日 全北道立国楽院で民謡クラス講師に就任 12月31日 全羅北道指定無形文化財 第7-1号技能保有者に指定、全羅北道文化賞受賞
1988	51	6月 専任教授に任命 〈8月1日 重要無形文化財11-5号に「任実筆峰農楽」指定〉 秋 ソウルオリンピック開会式に全北代表として参席
1989	52	右道農楽ケンガリクラス授業も行うようになる 10月24日 国楽院創立1周年記念で唱劇「仙花公主」を教授部で公演。曹錦鶯らと共演（羅錦秋はオクサジョン役）
1990	53	1990年「第1回全北国楽院教授音楽会」農楽個人技披露
1991	54	1991年3月 日本鹿児島交流公演、リュジャンヨンが羅錦秋農楽を調査、採譜
1992	55	1992年「第2回教授音楽会」、個人技披露
1993	56	1993年 中国吉林省等にて公演
1995	58	〈12月ソウルの小劇場「トゥレ劇場」にて柳順子が湖南女性農楽団復活公演〉
1997	60	「文化遺産の年無形文化財秋季大公演」で個人技披露
1998	61	「第3回教授音楽会」、個人技披露 高敞桐里国楽堂にて特別授業（週1回、2～3か月間を2年間連続。李明勲が中心となり高敞農楽団で基金を集めて始める）
2001	64	6月30日 道立国楽院定年退職。退職後も名誉教授として特別授業、国楽院の近所に教室を構えて授業を続ける。高敞農楽伝授館にて週1回の講習を行う。
2005	68	全州市から現在の扶安郡幸安面に転居
2009	72	1月 公演に向けて、全国の弟子たちの集団「羅錦秋先生を愛する会」が結成され、合宿が行われる。
2010	73	6月21日 全州ソリ文化殿堂ヨンジホール「湖南右道農楽 天下のサンスェ羅錦秋」公演、8月1日 扶安で活動する李哲虎によって「伝統文化芸術院パラムコッ」開設、11月24日 ソウルKOUS「舞う風の花（チュムチュヌンパラムコッ）」公演
2013	76	高敞、扶安を中心とした弟子団体「錦秋芸術団」創立
2014	77	「扶安右道農楽保存会」発足、羅錦秋保存会長就任
2016	79	現在も精力的な教育活動、公演活動を行う

1962	25	春香女性農楽団で活動。女性農楽団アメリカ招聘公演のため各団体から優秀な奏者の引き抜きが行われ、冬にはソウル秘園（昌徳宮）で3か月間強化合宿を行う。全羅北道の湖南右道農楽の名人を多数招いて学ぶ。金在玉にケンガリとプッポチュムを師事。〈文化財保護法制定、公布〉
1963	26	3月、ソウル市民会館でアメリカ出発送別公演を行うが、資金不足で解散に至る。羅錦秋は全州市在住の李バングン団長にスカウトされ全州へ移動。「全州アリラン女性農楽団」のサンスェとして活動。張金童と婚姻、結婚してしばらく活動を休止して新泰仁（井邑）にある夫の実家で暮らす。全州にて洪正澤、金東俊にパンソリを師事。〈12月17日朴正熙が第5代大統領に就任〉
1964	27	「韓美女性農楽団」、「井邑女性農楽団」で活動。 〈東京五輪にて全羅北道井邑農楽チームが公演〉
1965	28	1月　長女チョンソン誕生 〈ソウル市立国楽管弦楽団創立。無形文化財指定のための農楽第1次調査（嶺南12次農楽）が行われる。〉
1966	29	〈6月29日　重要無形文化財11号に「農楽」、11-1号に「晋州三千浦農楽」指定。〉
1967	30	〈文化財監理局で文化財申請のための湖南右道農楽実態調査（農楽録音）、報告書を発刊。〉
1968	31	4月　長男ヨンシク誕生 〈メキシコ五輪にて民族舞踊団、農楽等が公演。〉
1969	32	〈朴貴姫が引率する民俗芸術団が日本巡回公演。井邑の農楽奏者らが参加〉
1970	33	3月　大阪万博の公演に全羅北道の農楽奏者たちと共に参加。
1971	34	この頃、全州農林高校、全州ピサボル芸術高校で農楽指導。
1972	35	国楽協会全北支部 農楽部門委員長に就任
1975	38	5月　次男ヨング誕生 〈第1回全州大私習ノリ大会開催〉
1976	39	第3回全北農楽競演大会 個人演技賞受賞 〈第2回大私習農楽部門にて湖南女性農楽団が1位、全州アリラン女性農楽団が2位を受賞〉
1977	40	〈4月ソウルにて湖南右道農楽発表会〉
1979	42	〈金徳珠らによる演奏団サムルノリの登場、5月30日 第5回大私習にてアリラン女性農楽団が1位受賞、10月26日 朴正熙大統領暗殺、私設団体の公演全面自粛。〉
1982	45	この頃から3年間ほどにわたり、甘谷初等学校（井邑市）で農楽指導。大会入賞に導く。
1983	46	第9回全州大私習ノリ全国大会パンソリ一般部で壮元（大賞） 11月 国立劇場小ホール「韓国名舞展」でプッポチュム公演。
1984	47	この頃、群山東中学校で農楽指導。
1985	48	9月20日 江陵で開催された第26回「全国民俗芸術競演大会」に全羅北道代表、裡里農楽団（団長 金炯淳）のサンスェとして出場、団体大統領賞、羅錦秋は個人演技賞を受賞。12月 夫の張金童が死去。〈1985年12月1日　重要無形文化財11-2号「平澤農楽」、11-3号「裡里農楽」、11-4号「江陵農楽」指定〉
1986	49	この頃、金堤農林高校で農楽指導。〈 10月には全州市に全北道立国楽院が設立される。〉

羅錦秋略年表

※ 韓国では数え年を使用するため、生まれた年を1歳とした。また、羅錦秋の戸籍上の年齢は実年齢よりも3年遅れであるが、本書での表記は全て実年齢に合わせた。

西暦	年齢	羅錦秋の個人史　／　〈一般現代史、文化史〉
1938	1	2月2日 全羅南道康津郡康津邑東城里に生まれる。生まれる前に父が死亡。
1945	8	8月15日 康津で家族らと共に光復（終戦）を迎える。
1946	9	〈この頃、全羅北道地方の農楽奏者たちがソウルの農楽競演大会で活躍。〉
1947	10	〈この年、ソウルの全国大会で女性による農楽演奏があったと記録される。〉
1948	11	〈ソウルの全国大会にて女性による農楽や綱渡りの公演があったと記録される。この年、9月1日には大韓国楽院で林春鶯、朴緑珠、金素姫など女性芸能者たちが「女性国楽同好会」を組織。〉
1949	12	〈この年、女性国楽同好会による唱劇「ヘンニム タルリム」公演が大きく成功を収める。〉
1950	13	〈6月25日、朝鮮戦争勃発。〉国民学校に入学するも、戦火を逃れる避難生活を送る。
1951	14	〈国立国楽院開館〉
1952	15	この頃、母が交通事故で死去。光州に嫁いだ二番目の姉の家（全羅南道光州市）に転居。大成国民学校に再入学。
1953	16	〈7月 板門店で休戦協定調印。戦争が終わり林春鶯国劇団などの女性国劇団による活発な公演活動が再開される。〉
1956	19	大成国民学校卒業後、スピア女子中学に入学。
1957	20	この頃、光州の劇場で林春鶯国劇団、光州川の河原で薬売りの公演を見る。光州国楽院に入門し、鄭珖秀にパンソリ春香歌、ハンジノクに僧舞を師事。郷校の有識者に「錦秋」という芸名をもらう。初秋に家出し、薬売りに連れられて南原へ移動。南原国楽院に入門し、金ヨンウンにパンソリを師事。師匠の家で内弟子生活。冬に、農楽の練習が始まる。チンを担当。
1958	21	春にソウルで開催された農楽大会に「南原女性農楽団」の一員として出場し、入賞する。
1959	22	呉甲順の養母、姜錦順の発案で呉甲順を主人公に据えた「春香女性農楽団」結成。1～2年ほど訓練のち、巡回公演をはじめる。〈この年、のちにサムルノリの創始者となる金徳珠少年が鳥致園農楽大会にてデビューし新聞に掲載される。同年、韓国初の女性芸能グループ「キムシスターズ」がアメリカに進出し成功をおさめる。〉
1960	23	「春香女性農楽団」で活動。〈3月15日には大統領選挙があり、4月に不正選挙に関する大規模学生デモ（4.19革命）が起こる。そのさなかの3月26日の大韓ニュースには大統領の誕生日を祝う式典で女性農楽が演じられた映像が残る。4月末には李承晩大統領が下野宣言をし、5月にハワイに亡命。〉
1961	24	「春香女性農楽団」で活動。9月28日に徳寿宮で開かれた全国民俗芸術競演大会に出演。

あとがき

農楽を学び始めて今年で10年になる。交換留学生として韓国にわたったときにはじめて体験した、あの衝動と興奮を未だに忘れられずにいる。帰国後も、農楽に一生関わっていきたいがために、大学院に進学して研究を行ってきた。ここまで続けられたのは、ひとえに、農楽という芸能と、それをとりまく人々の魅力ゆえだろう。その燃えたぎるようなエネルギーに巻き込まれるうちに10年が過ぎてしまった。

それを考えると、本書の主人公である羅錦秋（1938年生まれ）の人生がいかに凝縮されたものであるかを感じずにはいられない。20歳頃に農楽を学び始め、女性農楽団として巡業を行ったのはわずか6、7年間である。その後は母として、演者として、教育者として農楽と共にひたむきに生きてきた。今の筆者の年齢には、既に完成された芸能者として認められていたのである。比べても仕方がないが、もっと地に足をつけて活動をしなければ、と身につまされる。

韓国に滞在した2013～14年には、羅錦秋についていろいろな所に行った。それも、彼女が運転する四駆の大きな車に乗って、である。ときには、自宅で手料理をご馳走になり、夜通し一緒にテレビを眺めたりもした。そうした瞬間にふと、75歳になった自分が外国人を助手席に乗せたり、家に泊めさせたりしながらこれまでの人生について語っている姿を想像して、いかに奇妙な状況であるかを考えた。しかし、弟子の1人として長年付き合ってきたこともあって、彼女は実に自然にふるまい、たくさんのことを語ってくれた。激動の1950～70年代の韓国において、女性農楽が溢れんばかりの魅力で大衆の心をつかんだという歴史を、実感を持って学べたのは大きな成果であった。その芸能史の一端を本書で伝えることができたのならば幸いである。今後もダイナミックな韓国近現代の芸能研究を続けて行ければと願っている。

最後に、本書の執筆および研究に際して多大なるご支援、ご協力を頂いた皆様、とくに松下幸之助記念財団、風響社石井雅氏、植村幸生先生、韓国高敞農楽保存会、扶安右道農楽保存会、そして羅錦秋師に深く感謝する次第である。

본연구에 많은 도움을 주신 고창농악보존회 및 부안우도농악보존회 여러분，그리고 나금추선생님께 깊은 감사를 드립니다（本研究に際して多大なるご協力を頂いた韓国高敞農楽保存会、扶安右道農楽保存会、そして羅錦秋師に深く感謝致します）.

著者紹介

神野知恵（かみの　ちえ）

1985年、神奈川県生まれ。

2006年に韓国梨花女子大学に交換留学し、全羅北道高敞農楽を学ぶ。2016年、東京藝術大学大学院音楽研究科博士後期課程修了、博士号（音楽学）取得。

現在、同大学音楽学部楽理科教育研究助手。

農楽をはじめとする韓国伝統芸能のなかのリズム、身体性、解きの美学など様々なテーマに関心を持って研究を続けている。また、日韓の民俗芸能の交流プロジェクトや演奏会の企画も行っている。

韓国農楽と羅錦秋　女流名人の人生と近現代農楽史

2016年10月15日　印刷
2016年10月25日　発行

著　者　神野　知恵

発行者　石井　雅
発行所　株式会社　風響社

東京都北区田端4-14-9　（〒114-0014）
TEL 03（3828）9249　振替 00110-0-553554
印刷　モリモト印刷

ISBN987-4-89489-791-5　C0039